KB132823

시로와 쿠로의

일본어회화 패턴 111

시로와 쿠로의 일본어회화 패턴 111

1판 1쇄 발행 2017년 2월 10일
2쇄 발행 2023년 8월 10일

지은이 방현희, 이남금, 이지영
원어민 감수 오구리 아키라
일러스트 성현진

펴낸이 박영호
기획팀 송인성, 김선명, 김선호
편집팀 박우진, 김영주, 김정아, 최미라, 전혜련
관리팀 임선희, 정철호, 김성언, 권주련
펴낸곳 (주)도서출판 하우

주소 서울시 중랑구 망우로 68길 48
전화 (02)922-7090
팩스 (02)922-7092
홈페이지 http://www.hawoo.co.kr
e-mail hawoo@hawoo.co.kr
등록번호 제2016-000017호

값 14,000원
ISBN 979-11-86610-78-7 13730

이 책은 저작권법에 따라 보호받는 저작물이므로 무단 전재와 무단 복제를 금지하며,
이 책 내용의 전부 또는 일부를 이용하려면 반드시 저작권자와 (주)도서출판 하우의 서면 동의를 받아야 합니다.

111 MP3 다운로드 www.hawoo.co.kr 접속 후 '자료실'에서 다운로드

시로와 쿠로의 일본어회화 패턴 111

방현희, 이남금, 이지영

도서
출판

夏
株式會社
雨

이 책을 보시는 독자 여러분께

이 책은 일본어를 공부하기 시작한 일본어 초급 학습자나 일본어 초급 문형을 정리하고 싶은 중급 학습자를 대상으로 한 책입니다. 기본적인 일본어 문형 패턴을 단순 암기가 아니라 재미있고 자연스럽게 익히고 싶은 학습자, 문형을 익히기는 했지만 어떤 상황에서 쓰이는지 몰라서 좀처럼 사용하지 못하는 학습자들에게 이 책이 조금이나마 도움이 되었으면 합니다. 이 책의 특징은 다음과 같습니다.

6컷 만화를 통해 익히는 생생한 일본어

한국에서 주인을 따라 일본에 건너가 생활하게 된 '시로'라는 개와 시로의 친구가 되어 그의 일본 생활을 도와주는 고양이 '쿠로' 등 개성있는 등장인물들이 펼치는 스토리를 통해 자칫 따분해지기 쉬운 일본어 문형을 재미있게 익힐 수 있도록 구성하였습니다. 일본어 초급의 주요 문형을 패턴별로 알기 쉽게 정리하고 6컷 만화를 통해 생생하고 기억에 남는 일본어를 익힐 수 있도록 하였습니다.

일본 생활을 반영한 자연스러운 상황

해당 문형이 어떤 상황에서 쓰이는지 알 수 있도록 해당 문형이 자주 쓰이는 상황을 설정했습니다. 다양한 동사의 활용을 익힐 수 있도록 각 에피소드마다 해당 문형을 가능한 3번씩 사용하여 대사를 구성하였습니다. 각 에피소드는 일본의 생활이나 문화, 유행 등을 최대한 반영하여 구성하였습니다.

유용한 Tip 제공

각 에피소드마다 에피소드와 관련된 생생한 문화정보, 유용하게 쓸 수 있는 관련 단어나 표현 등을 Tip으로 제공하였습니다.

끝으로 이 책의 출판을 위해 애써 주신 삽화가 성현진 씨, (주)도서출판 하우의 모든 분들께 감사드립니다.

이 책의 구성과 활용법

제목

해당 문형이 사용된 표현을
일본어와 한국어로
제시했습니다.

027
鎌倉に行きました
가마쿠라에 갔어요
가마쿠라
쿠로가 이번 골든위크 때 가족들과 같이 가마쿠라에 놀러 갔다 온 모양이에요. 시로가 쿠로의 이야기를 듣고 부러워하고 있네요.
027
1
クロさん、ゴールデンウィークに何をしましたか。
2
家族と鎌倉に行きました。
3
いいですね。鎌倉で何をしましたか。
4
長谷寺で大仏の写真をとりました。それから抹茶も飲みました。
5
うらやましいな。
6
江ノ電にも乗りました。あと、江の島でしらす丼も食べましたよ。
80

상황설명

만화 안의 인물들이 어떤
상황에서 이야기하고 있는지
설명하고 있습니다. 내용을
이해하는데 도움이 될
것입니다.

6컷 만화

본문에 해당하는 6컷 만화
입니다.
1 번부터 6 번까지
순서대로 보십시오.

문형제시

문형의 접속형태를
제시했습니다.

동사로 ます형으로 말할 수 있는 표현

-했어요 ～ました

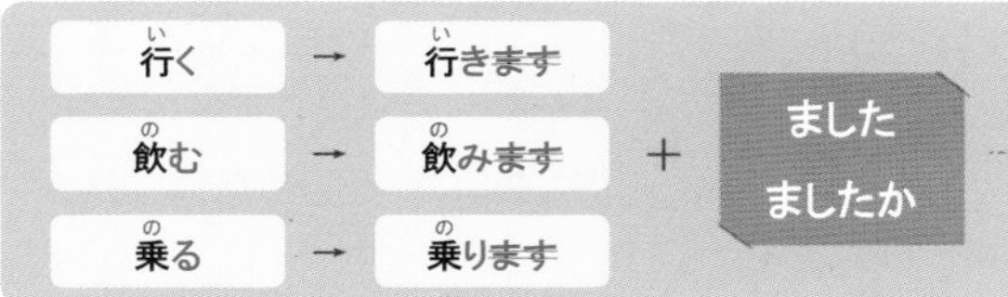

行く → 行きます
飲む → 飲みます
乗る → 乗ります
+
ました
ましたか

문형 예

만화에서 사용된 문형을
모아서 해당 문형의 접속
형태를 시각적으로 알기
쉽게 보여주고 있습니다.

① クロさん、ゴールデンウィークに何をしましたか。	쿠로 씨, 골든 위크에 뭐 했어요?
② 家族と鎌倉に行きました。	가족들하고 가마쿠라에 갔어요.
③ いいですね。鎌倉で何をしましたか。	좋았겠네요. 가마쿠라에서 뭐 했어요?
④ 長谷寺で大仏の写真をとりました。それから抹茶も飲みました。	하세데라에서 대불 사진을 찍었어요. 그리고 말차도 마셨어요.
⑤ うらやましいな。	부럽다.
⑥ 江ノ電にも乗りました。あと、江の島でしらす丼も食べましたよ。	에노덴도 탔어요. 그리고 에노시마에서 시라스 덮밥도 먹었어요.

한국어로 번역

왼쪽 만화의 대사를
한국어로 번역했습니다.
한자 위에 히라가나를 넣어
읽기 방법을 표기 했습니다.

Tip!

- '~을 타다'는 「~に乗(の)る」라고 해요. 조사는 「を(을/를)」가 아니라 「に(에)」를 쓰니까 주의 하세요!
- 「長谷寺(はせでら)」는 가마쿠라(鎌倉)에 있는 절로, 9.18m의 대불(大仏)이 있는 곳으로 유명해요.
- 골든위크는 4월 말부터 5월초에 걸쳐 공휴일이 모여 있는 기간입니다.
- しらす丼(どん)은 작은 멸치로 만든 회덮밥인데 しらす(작은 멸치)가 에노시마에서 많이 잡히기 때문에 그 근처에서 맛볼 수 있는 별미예요.

81

Tip

만화 내용에서 참고할 만한
보충설명(문형이나 재미있는
일본 문화, 생활 정보 등)을
넣었습니다.

등장인물

시로 シロ

주인을 따라 일본에 온 호기심 많고 붙임성 있는 한국 개. 자신이 사람인 줄 알고 있다. 좀 덤벙대는 성격이라 가끔 실수할 때도 있지만 정 많고 의리있다. 자신을 도와주는 쿠로에게 친구 이상의 마음을 가지고 있는 듯하다.

쿠로 クロ

첫인상은 깍쟁이같고 새침하지만 일본에 온 지 얼마 안 된 시로를 여러모로 도와주는 속 깊은 일본 고양이. 시로가 엉뚱한 행동을 할 때는 거침없이 지적하지만 결국은 시로에게 맞춰 준다.

핑크 ピンク

쿠로의 단짝 친구. 또래보다 어른스럽고 똑부러진 성격의 왕언니 캐릭터이다. 예쁘고 패션센스도 좋아서 의류매장에서 아르바이트를 하고 있다.

어머니 おかあさん

시로의 주인.
시로를 자식처럼 아끼지만 가끔 산책시키는 것이나 간식주는 걸 잊어버리는 일이 있어 시로를 곤란하게 한다.

아버지 おとうさん

시로의 주인.
일본 회사에 근무하게 되어 가족과 함께 일본에 오게 됐다.
아내에게 매우 자상한 남편이자 시로와 많이 놀아 주는 좋은 주인이다.

엄마 • 아빠 ママ·パパ

쿠로의 주인.
쿠로를 매우 귀여워하고 대화를 많이 한다.
쿠로가 하는 말을 다 이해한다고 믿고 있지만 잘 못 알아듣는 경우가 대부분이라 쿠로를 곤란하게 할 때가 많다.

목 차

No.	에피소드	제목 & 제시 문형	page
		명사로 말할 수 있는 표현 (1과～12과)	
1	자기소개	**私はシロです** (저는 시로예요) –예요 : 명사 + です	22
2	스무고개	**ヒーターではありません** (히터가 아니에요) –이/가 아니에요 : 명사 + ではありません	24
3	옛날에 살던 동네	**むかしは病院でした** (옛날에는 병원이었어요) –이었어요/였어요 : 명사 + でした	26
4	미술관 갈까요?	**美術展があります** (미술전이 있어요) (사람 · 동물 이외) –이/가 있어요 : 명사 が + あります	28
5	남자 친구	**彼氏がいますか** (남자 친구가 있어요?) (사람 · 동물) –이/가 있어요 : 명사 が + います	30
6	썰렁한 개그	**私はダジャレが嫌いです** (저는 썰렁한 개그 싫어해요) –을/를 좋아해요 · 싫어해요 : 명사が + 好きです / 嫌いです	32
7	행복한 상상	**料理が上手ですね** (음식을 잘하네요) –을/를 잘해요 · 잘 못해요 : 명사が + 上手です/下手です	34
8	미스커뮤니케이션	**キャットタワーがほしいです** (캣타워를 갖고 싶어요) –을/를 갖고 싶어요 : 명사 が + ほしいです	36
9	회전 초밥집에서	**ビールください** (맥주 주세요) –주세요 : 명사 + ください	38
10	시로가 좋아하는 타입	**友だちですよね** (친구죠?) –죠? : 명사 + ですよね	40
11	시로의 생일	**何才になりますか** (몇 살이 돼요?) – 이/가 돼요 : 명사 に + なります	42
12	외출	**食事に行きます** (식사하러 가요) –하러 가요 : 명사 に + 行きます	44

형용사로 말할 수 있는 표현 (13과～24과)

13	벚꽃놀이	お弁当もおいしいです (도시락도 맛있어요) –아/어요 : い형용사 + です	48
14	닛코의 도쇼구	とても好きです (아주 좋아해요) –해요 : な형용사 + です	50
15	모노레일	羽田まで遠くないです (하네다까지 멀지 않아요) –지 않아요 : い형용사 く + ないです	52
16	여긴 싫어요	ここはきれいじゃないです (여기는 깨끗하지 않아요) –하지 않아요 : な형용사じゃ + ないです	54
17	개그 공연	めっちゃよかったです (대박 좋았어요!) –았/었어요 : い형용사 + かったです	56
18	10주년 기념세일	にぎやかでしたね (북적북적했죠?) –했어요 : な형용사 + でした	58
19	입소문은 믿을 게 못 돼요	安くなかったです (싸지 않았어요) –았/었어요 : い형용사 く + なかったです	60
20	방 구하기	部屋探しは簡単じゃなかったです (방 구하기가 쉽지 않았어요) –지 않았어요 : な형용사 じゃ + なかったです	62
21	시로의 남동생	目が大きくて脚が長いです (눈이 크고 다리가 길어요) –하고 : い형용사 + くて	64
22	새로 생긴 패밀리 레스토랑	新鮮でおいしかったです (신선하고 맛있었어요) –하고 : な형용사 + で	66
23	집안 분위기 변화	広くなりました (넓어졌어요) –아/어졌어요 : い형용사 く + なりました	68
24	인터넷 쇼핑	便利になりましたね (편리해졌네요) –해졌어요 : な형용사 に + なりました	70

동사로 **ます**형으로 말할 수 있는 표현 (25과～37과)

25	하루 일과	**朝７時に起きます** (아침 7시에 일어나요) –해요：～ます	76
26	시로의 식사	**料理しませんか** (요리 안 해요?) 안 –해요： ～ません	78
27	가마쿠라	**鎌倉に行きました** (가마쿠라에 갔어요) –했어요：～ました	80
28	생얼	**気づきませんでした** (몰라봤어요) 안 –했어요：～ませんでした	82
29	아버지날	**いっしょにデパートに行きましょう** (같이 백화점에 가요) (같이) –해요/할까요?：～ましょう/ましょうか	84
30	온천	**温泉に行きたいです** (온천에 가고 싶어요) –하고 싶어요：～たいです	86
31	기운없는 시로	**何もしたくないです** (아무것도 하기 싫어요) –하기 싫어요：～たくないです	88
32	새로 나온 스마트폰	**使いやすいです** (쓰기 편해요) –하기 편해요：～やすいです	90
33	게 요리	**食べにくいです** (먹기 힘들어요) –하기 힘들어요/어려워요：～にくいです	92
34	잔소리	**ご飯を食べながら** (밥을 먹으면서) –하면서：～ながら	94
35	불꽃놀이	**見に行きます** (보러 가요) –하러 가다： ～に行く	96
36	오랜만에 간 뷔페라서	**食べすぎました** (너무 많이 먹었어요) 너무 많이 –하다： ～すぎる	98
37	벚꽃이 질 것 같아요	**雨が降りそうですね** (비가 올 것 같네요) –할 것 같아요：～そうです	100

동사 て형으로 말할 수 있는 표현 (38과～54과)

38	딸기 따기 체험	いちご狩りして、ジャムも作って (딸기 따 먹고 잼도 만들고) –하고/해서 : ～て	106
39	전철역에서	行き方を教えてください (가는 법 좀 가르쳐 주세요) –해 주세요 : ～てください	108
40	엄마의 부탁	掃除機をかけてくれますか (청소기 좀 돌려줄래요?) –해 줄래요? : ～てあげますか / くれますか	110
41	아빠의 부탁	いろいろやってもらって助かりました (이것저것 해 줘서 고마웠어요) –해 줘요 : ～てもらいます	112
42	한국에서 온 친구	いつも並んでいます (항상 (사람들이) 줄 서 있어요) –아/어 있어요 : ～ています	114
43	지진	用意してあります (준비되어 있어요) –아/어 있어요 : ～てあります	116
44	놀이공원에서	頑張ってみます (노력해 볼게요) –해 볼게요 : ～てみます	118
45	바베큐	買っておきました (사 놨어요) –해 놔요/해 놓을게요 : ～ておきます	120
46	된장국 만드는 법	弱火にしてから味噌を入れます (불을 줄이고 나서 된장을 넣어요) –하고 나서 : ～てから	122
47	깨진 스마트폰	液晶が割れてしまいました (액정이 깨져 버렸어요) –해 버렸어요 : ～てしまいました	124
48	병원에서	飲んでもいいですか (마셔도 돼요?) –해도 돼요? : ～てもいいですか	126
49	쓰레기 분리	捨ててはいけませんよ (버려서는 안 돼요) –해서는 안 돼요 : ～てはいけません	128

50	프로포즈	どんなプロポーズをしてほしいですか ((남자친구가) 어떤 프러포즈를 해 줬으면 좋겠어요?) -해 줬으면 좋겠어요 : ～てほしいです	130
51	피크닉 준비	持(も)っていきます (가지고 갈게요) -고 갈게요 : ～ていきます	132
52	피크닉	友(とも)だちを連(つ)れてきました (친구를 데리고 왔어요) -고 와요 : ～てきます	134
53	콘서트	握手(あくしゅ)もできてよかったです (악수도 할 수 있어서 좋았어요) -해서 좋았어요 : ～てよかったです	136
54	꽃가루 알레르기	こすっちゃだめですよ (비비면 안 돼요) -하면 안 돼요 : ～ちゃだめです	138

동사 た형으로 말할 수 있는 표현 (55과～65과)

55	할 얘기가 너무 많아	終電(しゅうでん)に間(ま)に合(あ)った? (어제 막차 탔어?) -했어 : ～た	142
56	쓰키지 어시장	築地(つきじ)に行(い)ったことありますか (쓰키지에 간 적 있어요?) -한 적이 있어요 : ～たこと(が)あります	144
57	건망증	散歩(さんぽ)をうっかりしたり、おやつを忘(わす)れたりします (산책을 깜빡하거나 간식을 잊어버리거나 해요) -하거나 -하거나 해요 : ～たり～たりします	146
58	물건이 많아요	作(つく)ったほうがいいです (만드는 게 좋아요) -하는 게 좋아요 : ～たほうがいいです	148
59	감기	エアコンをつけたまま寝(ね)てしまいました (에어컨을 켠 채로 잠들어 버렸어요) -한 채(로) : ～たまま	150
60	다음 주 계획	夜景(やけい)を見(み)たあとでご飯(はん)を食(た)べましょう (야경을 본 후에 밥 먹어요) -한 후에 : ～たあとで	152

61	옆집 새끼 고양이	生まれたばかりです (태어난 지 얼마 안 됐어요) –한 지 얼마 안 됐어요 : ~たばかりです	154
62	운동회 안내	起きたら電話くれますか (일어나면 전화 줄래요?) –하면 : ~たら	156
63	좋은 운동 있어요?	散歩したらどうですか (산책하는 게 어때요?) –는 게 어때요? : ~たらどうですか	158
64	기억이 안 나요	いつに決まったっけ (언제로 정해졌더라?) –더라? : ~たっけ	160
65	길 찾아가기	近くまで来たら電話してください (근처까지 오면 전화하세요) –하면 –하세요 : ~たら~てください	162

동사 ない형으로 말할 수 있는 표현 (66과~73과)

66	장어 먹는 날	うなぎは食べないの (장어는 안 먹어) 안 –해 : ~ない	166
67	러브러브 우산	持ってこなかったんですか (안 가지고 왔어요?) 안 –했어요 : ~なかったです	168
68	미술관에서	写真は撮らないでください (사진은 찍지 마세요) –하지 마세요 : ~ないでください	170
69	패밀리 레스토랑에서의 매너	たばこを吸わないでほしいです (담배를 안 피웠으면 좋겠어요) 안 –했으면 좋겠다 : ~ないでほしい	172
70	스노보드 타러 가요	予約しなくてもいいです (예약 안 해도 돼요) 안 ~해도 돼 : ~なくてもいい	174
71	바쁘다 바빠!	銀行に行かなければなりません (은행에 가야 돼요) –해야 돼 : ~なければならない	176
72	등산 다음날	食べないで寝ました (안 먹고 잤어요) 안 –하고 : ~ないで	178

73	축구 결승전	決勝戦は絶対見なきゃ (결승전은 꼭 봐야지) –해야지 : ～なきゃ	180
		기본형으로 말할 수 있는 표현 (74과～100과)	
74	친구와 전화	あした、予定ある? (내일 약속 있어?) (반말) –해 : 동사/형용사/명사의 기본형	184
75	오랜만의 산책	散歩する時間 (산책하는 시간) –하는 + 명사 : 동사 기본형 + 명사	186
76	벼룩시장	読まない本 (안 읽는 책) 안 –하는 + 명사 : ～ない + 명사	188
77	눈축제	イベントがあるというニュース (이벤트가 있다는 뉴스) –다는 + 명사 : ～という + 명사	190
78	지난번에 갔던 식당	いっしょに行ったお店 (같이 갔던 가게) –한/했던 + 명사 : ～た + 명사	192
79	케이크 뷔페	甘いもの好きですか (단 거 좋아해요?) –(으)ㄴ + 명사 : い형용사 기본형 + 명사	194
80	유럽 여행의 추억	いちばんよかったのはどこですか (제일 좋았던 곳은 어디예요?) –았/었던 + 명사 : い형용사 かった + 명사	196
81	스트레스	いやなことがあったのね (짜증 나는 일이 있었구나) –하는 + 명사 : な형용사 + 명사	198
82	달라진 시로	好きだったボール遊び (좋아했던 공놀이) –했던 + 명사 : な형용사 だった + 명사	200
83	사회를 보는 핑크	すごいと思います (대단하다고 생각해요) –라고 생각해요 : ～と思います	202
84	핑크의 아이돌	軍隊に行くかもしれないです (군대에 갈지도 몰라요) –할지도 몰라 : ～かもしれない	204

85	취미	**趣味はいろいろ作ることです** (취미는 이것저것 만드는 거예요) –하는 거 : ～こと	206
86	동네 축제 준비	**手伝うことができます** (도울 수 있어요) –할 수 있다 : ～ことができる	208
87	건강한 생활을 위하여	**ジムに行くようになりました** ((예전에는 안 다녔는데 지금은) 스포츠센터에 다녀요) (전에는 안 그랬는데) (지금은) –해요 : ～ようになる	210
88	시로의 친구 방문	**日本で働くことになりました** (일본에서 일하게 됐어요) –하게 되다 : ～ことになる	212
89	공휴일 계획	**映画を見るつもりです** (영화를 볼 거예요) –할 거예요 : ～つもりです	214
90	목욕 문화	**ご飯を食べる前に** (밥을 먹기 전에) –하기 전에 : 동사 기본형 ＋ ～前に	216
91	일본에 온 목적	**日本に来るために** (일본에 오려고) (목적) –하려고 : 동사 기본형 ＋ ～ために	218
92	약국	**値段も安いし、品ぞろえもいいから** (가격도 싸고, 물건 종류도 많아서) –하고 : 동사 기본형 ＋ ～し	220
93	스타일이 중요해	**もう走るしかないですね** (이제 달릴 수밖에 없겠네요) –할 수 밖에 없어요 : ～しかないです	222
94	미팅	**たまにはサボってもいいじゃん** (가끔은 땡땡이쳐도 되잖아) –잖아 : 동사 기본형 ＋ ～じゃん	224
95	메이드 카페	**シロさんが行くなら、ついて行きます** (시로 씨가 간다면 따라갈게요) –다면/–라면 : ～なら	226
96	핑크의 새 아르바이트	**アルバイトするそうです** (아르바이트한대요) (들은 이야기를 전달) –대요 : ～そうです	228

97	무지개 색깔	国によって違うらしいですよ (나라마다 다른 모양이에요) (외부 정보에 의한 추측) -하는 모양이에요 : ～らしいです	230
98	약속 장소에서	人身事故があったみたいです (인명사고가 났나 봐요) -나 봐요 : ～みたいです	232
99	일기예보	雨が降るでしょう (비가 오겠습니다) (추측) -겠습니다 : ～でしょう	234
100	잘못 봤을까?	会社にいるはずです (분명히 회사에 있을 거예요) (분명히) ～을 거예요 : ～はずです	236

가정형과 의지형으로 말할 수 있는 표현 (101과～104과)			
101	프린터기 사용법	説明書を読めばわかります (설명서를 보면 알 수 있어요) -하면 : ～ば	240
102	후지산 등정	上に(行けば)行くほど空気がうすくなります (위로 (올라가면) 갈수록 공기가 희박해져요) -하면 -할수록 : ～ば ～ほど	242
103	신년 럭키백	早く行けばよかった… (일찍 갈 걸…) (후회) -할 걸… : ～ばよかった	244
104	연휴 계획	軽井沢へ行こうと思います (가루이자와에 가려고 해요) -하려고 해요 : ～ようと思います	246

가능, 수동, 사역 표현 (105과～107과)			
105	고야 참프르	何が作れますか (뭘 만들 수 있어요?) -할 수 있다 : ～られる	250
106	조카 아이	足を踏まれました (발을 밟혔어요) -당하다 : ～れる/られる	252
107	늦은 이유	きょうの食事代、僕に払わせてください (오늘 식사비는 제가 내게 해 주세요) -시키다 : ～せる/させる	254

경어 표현 (108과～111과)			
108	전자상가에서	ご住所(じゅうしょ)を書(か)いていただけますか (주소를 써 주시겠습니까?) –해 주시겠습니까? : ～ていただけますか	258
109	식사가 끝나갈 무렵	お皿(さら)はお下(さ)げしてよろしいですか (그릇은 치워도 괜찮으시겠습니까?) –괜찮으시겠습니까? : ～よろしいですか	260
110	엄마는 부재중	お母(かあ)さんいらっしゃる? (어머니 계셔?) 계시다/가시다/오시다 : いらっしゃる	262
111	카페에서	店内(てんない)で召(め)し上(あ)がりますか (여기서 드시겠습니까?) 드시겠습니까? : 召(め)し上(あ)がりますか	264

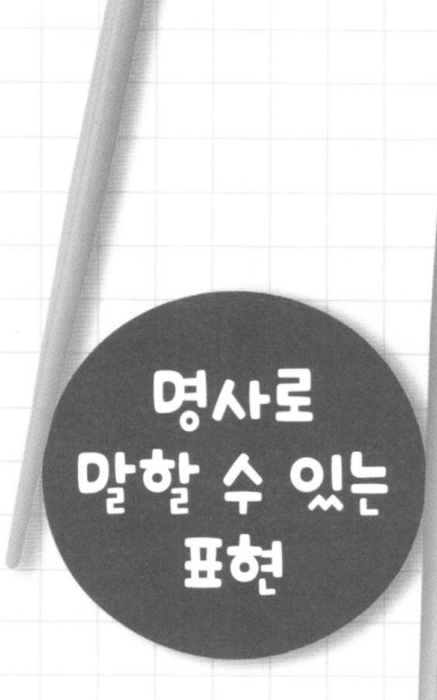
명사로
말할 수 있는
표현

わたしは
シロです。
クロです。

001 私(わたし)はシロです

저는 시로예요

자기소개

앞으로 여러분을 일본어 세계로 안내할 **시로**와 **쿠로**입니다.
그럼, **시로**와 **쿠로**의 자기소개를 들어 볼까요?

001

1

はじめまして。

2

こんにちは。

3

わたしは
シロです。

4

クロです。

5

韓国人です。

6

えっ?
韓国の犬じゃないの？
!!

-예요 명사 + です

シロ		
クロ	＋	です
韓国人（かんこくじん）		

❶ はじめまして。 처음 뵙겠습니다.

❷ こんにちは。 안녕하세요?

❸ 私（わたし）はシロです。 저는 시로예요.

❹ クロです。 쿠로예요.

❺ 韓国人（かんこくじん）です。 한국사람입니다.

❻ えっ？韓国（かんこく）の犬（いぬ）じゃないの？ 헐? 한국개 아냐?

Tip!

- 「は」가 '-은/는'으로 쓰일 때는 [하]가 아니라 [와]로 읽어요.
- 「-です」에 「か」를 붙인 「-ですか」는 의문문 '-입니까?'예요. 기본적으로 「-か」를 맨 나중에 붙이면 의문문이 됩니다.
- 「명사+じゃないの?」는 '~아냐?'라는 의미예요.

002 ヒーターではありません

히터가 아니에요

스무고개

시로랑 **쿠로**가 스무고개를 하며 놀고 있습니다. 일본에는 있지만 한국에는 없는 물건에 대해서 **쿠로**가 문제를 냈어요. 무엇일까요?

002

1
これはヒーターではありません。

2
カイロですか。

3
いいえ、カイロでもありません。テーブルです。

4
わかった！こたつではありませんか。

5
はい、正解です!! こたつです。

6
韓国にもこたつがあったらいいなあ…。

-이/가 아니에요 명사 + ではありません

ヒーター		
カイロ	＋	ではありません ではありませんか
こたつ		

❶ これはヒーターではありません。 이건 히터가 아니에요.

❷ カイロですか。 핫팩(손난로)이에요?

❸ いいえ、カイロでもありません。テーブルです。 아뇨, 핫팩도 아니에요. 테이블이에요.

❹ わかった！こたつではありませんか。 알았다! 고타쓰 아니에요?

❺ はい、正解(せいかい)です。こたつです。 네, 정답이에요. 고타쓰예요.

❻ 韓国(かんこく)にもこたつがあったらいいなあ…。 한국에도 고타쓰가 있었으면 좋겠다….

Tip!

- 명사 부정은 「~ではありません(-이/가 아니에요)」이에요. '명사+도 아니에요'라고 말하고 싶을 때는 「~でもありません」을 붙여요.
- 고타쓰(こたつ)는 테이블 상판 밑에 전열기구가 장착되어 있고 상판에 고타쓰용 이불을 덮어서 사용하는 난방기구의 일종이에요.

003 むかしは病院でした

びょういん

옛날에는 병원이었어요

옛날에 살던 동네

쿠로는 자기가 예전에 살던 동네를 **시로**에게 소개하고 있어요.

003

1
ここが
わたしの家でした。

2
そうですか。
今の家族と
いっしょでしたか。

3
もちろんです。
そのころ、ママは
会社員でした。

4
そうですか。
ところであれは
何ですか。

5
ペットホテルです。
あそこ、むかしは
病院でした。
HOSPITAL

6
え、そうですか。
ペットホテルは
最高ですよ。

-이었어요/였어요 명사 + でした

いっしょ		
会社員(かいしゃいん)	+	でした でしたか
病院(びょういん)		

1. ここが私(わたし)の家(いえ)でした。 — 여기가 우리 집이었어요.
2. そうですか。今(いま)の家族(かぞく)といっしょでしたか。 — 그래요? 지금 가족하고 같이 살았어요?
3. もちろんです。そのころ、ママは会社員(かいしゃいん)でした。 — 그럼요. 그때 엄마는 회사원이었어요.
4. そうですか。ところであれは何(なん)ですか。 — 그래요? 근데 저건 뭐예요?
5. ペットホテルです。あそこ、むかしは病院(びょういん)でした。 — 애완동물 호텔이에요. 저기 옛날에는 병원이었어요.
6. え、そうですか。ペットホテルは最高(さいこう)ですよ。 — 어? 그래요? 애완동물 호텔은 최고예요.

Tip!

- 명사의 과거형은 「~でした」를 붙이면 돼요. 참고로 '그래요'는 「そうです」, '그랬어요'는 「そうでした」로 써요.
- 조사 「~も」는 「-도」라는 뜻이에요.
- 일본 사람들도 애완동물을 많이 길러서 「ペットホテル(펫호텔)」나 「ペットショップ(펫숍)」가 발달되어 있어요.

004 美術展(びじゅつてん)があります

미술전이 있어요

미술관 갈까요?

쿠로가 **시로**에게 미술관에 가자고 말합니다.
무슨 전시가 있을까요?

004

1

シロさん、あした
時間ありますか。

2

はい、
なんでですか。

3

美術館のチケットが
2枚あります。

4

何の
展示会ですか。

5

うきよ絵の
美術展があります。

6

うきよ絵?
ぼくは初めてです。

사람·동물 이외

-이/가 있어요 명사が + あります

時間(じかん)	が	あります ありますか
チケット		
展示会(てんじかい)		

1. シロさん、あした時間(じかん)ありますか。 시로 씨, 내일 시간 있어요?
2. はい、なんでですか。 네, 왜요?
3. 美術館(びじゅつかん)のチケットが２枚(にまい)あります。 미술관 티켓이 두 장 있어요.
4. 何(なん)の展示会(てんじかい)ですか。 무슨 전시회예요?
5. うきよ絵(え)の美術展(びじゅつてん)があります。 우키요에 미술전이 있어요.
6. うきよ絵(え)？僕(ぼく)は初(はじ)めてです。 우키요에? 저는 처음이에요.

Tip!

- 사람·동물 이외의 존재를 말할 때 '있습니다/있습니까?'는 「あります/ありますか」예요. '없습니다'는 「ありません」이라고 해요.
- 「浮世絵(うきよ絵: 우키요에)」란 에도시대(江戸時代:1603-1868)의 풍속과 서민의 생활을 그린 일본 특유의 종합 회화 양식이에요. 특히 후지산이나 게이샤 그림이 많이 알려져 있어요.
- 「僕(ぼく)」는 「私(わたし)」와 같은 뜻으로, 남자가 자신을 가리킬 때 쓰는 대명사예요.

005 彼氏(かれし)がいますか

남자 친구가 있어요?

남자 친구

시로와 **쿠로**는 커피숍에서 커피를 마시면서 얘기하고 있어요.
시로는 **쿠로**에게 남자 친구가 있는지 궁금한 모양이에요.

005

1
クロさんは
彼氏がいますか。

2
彼氏はいません。
でも、男友だちはいます。

3
シロさんは
彼女いますか。

4
ぼくもいません。

5
女友だちも
いません。

6
ここに、
ひとりいますよ。

사람·동물

-이/가 있어요 명사 が + います

彼氏(かれし)	が	います
友だち(とも)		いますか
彼女(かのじょ)		

❶ クロさんは彼氏(かれし)がいますか。 — 쿠로 씨는 남자 친구가 있어요?

❷ 彼氏(かれし)はいません。でも、男友(おとこと)もだちはいます。 — 남자 친구는 없어요. 하지만, 그냥 (남자) 친구는 있어요.

❸ シロさんは彼女(かのじょ)いますか。 — 시로 씨는 여자 친구 있어요?

❹ 僕(ぼく)もいません。 — 저도 없어요.

❺ 女友(おんなとも)だちもいません。 — 그냥 (여자) 친구도 없어요.

❻ ここに、ひとりいますよ。 — 여기 한 명 있어요.

Tip!

- 사람이나 동물의 존재를 말할 때 '있습니다/있습니까?'는 「います/いますか」예요. '없습니다'는 「いません」이라고 해요.
- '남자 친구'는 「彼氏(かれし), ボーイフレンド」, '여자 친구'는 「彼女(かのじょ), ガールフレンド」, '친구'는 「友(とも)だち」라고 해요.

006 私(わたし)はダジャレが嫌(きら)いです

저는 썰렁한 개그 싫어해요

썰렁한 개그

시로가 일본어로 배운 썰렁한 개그 (일명 '아재 개그')를 **쿠로**에게 선보이고 있는데요. **쿠로**의 반응은 어떨까요?

006

1
クロさん、
スキー好きですか。

2
えっ?!
ダジャレですか。
わたしはダジャレが
嫌いです。

3
すみません。

4
わたしはスキーより
スノーボードのほうが
好きです。

5
そうですか。じゃ、
来週スノボどうですか。

6
それ、急すぎです。

-을/를 좋아해요 · 싫어해요 명사が + 好(す)きです/嫌(きら)いです

スキー		
ダジャレ	が	好(す)きです(か) / 嫌(きら)いです(か)
スノーボードのほう		

1. クロさん、スキー好(す)きですか。 — 쿠로 씨, 스키 좋아해요?
2. えっ?! ダジャレですか。私(わたし)はダジャレが嫌(きら)いです。 — 네? 썰렁한 개그예요? 저는 썰렁한 개그 싫어해요.
3. すみません。 — 미안해요.
4. 私(わたし)はスキーよりスノーボードのほうが好(す)きです。 — 난 스키보다 스노보드를 좋아해요.
5. そうですか。じゃ、来週(らいしゅう)スノボどうですか。 — 그래요? 그럼 다음 주에 스노보드 어때요?
6. それ、急(きゅう)すぎです。 — 그렇게 갑자기요?

Tip!

- 「ダジャレ」는 발음이 같거나 비슷한 말을 가지고 하는 말장난이에요. 아저씨들이 좋아한다고 해서 「おやじギャグ」라고도 해요. 예를 들면 '귀 없지/귀엽지' 같은 거예요.
- 気(き)づく: 눈치 채다
- スノボ: 스노보드의 줄임말
- AよりBのほうが好(す)きです。: A보다 B를 더 좋아해요.
- 「急(きゅう)すぎる」는 직역하면 '너무 갑작스럽다'는 뜻.

007 料理(りょうり)が上手(じょうず)ですね

음식을 잘하네요

행복한 상상

시로가 **쿠로**의 요리 솜씨를 칭찬하자 **쿠로**는 청소는 못 한다며 겸손해 하는데요. 그 말을 듣고 **시로**는 행복한 상상을 합니다.

007

1
おいしい！
クロさんは料理が
上手ですね。

2
でもお掃除は
下手です。
あ、お皿洗いも。

3
ぼく、お掃除
上手ですよ。
もちろん皿洗いも
上手です。

4
どういう意味?

5
ぼくに全部
お任せ!

6
また始まった!

-을/를 잘해요 · 잘 못해요 명사が + 上手(じょうず)です/下手(へた)です

料理(りょうり)		
掃除(そうじ)	が	上手(じょうず)です 下手(へた)です
皿洗(さらあら)い		

1. おいしい！クロさんは料理(りょうり)が上手(じょうず)ですね。 — 맛있다! 쿠로 씨는 음식을 잘하네요.
2. でもお掃除(そうじ)は下手(へた)です。あ、お皿洗(さらあら)いも。 — 근데 청소는 잘 못해요. 참! 설거지도요.
3. 僕(ぼく)、お掃除(そうじ)上手(じょうず)ですよ。もちろん皿洗(さらあら)いも上手(じょうず)です。 — 나 청소 잘해요. 물론 설거지도 잘해요.
4. どういう意味(いみ)？ — 무슨 뜻이지?
5. 僕(ぼく)に全部(ぜんぶ)お任(まか)せ！ — 나한테 다 맡기세요!
6. また始(はじ)まった！ — 또 시작이다!

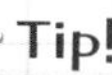
Tip!

- 「~が上手(じょうず)です(-을/를 잘해요)」는 상황에 따라 다음과 같이 조사를 바꿔서 사용할 수 있어요.
  ~は上手です(-은/는 잘해요)　　~も上手です(-도 잘해요)
- 「お掃除(そうじ)」처럼 단어 앞에 「お」를 붙여서 쓰면 품위 있게 들려요.

008 キャットタワーがほしいです

캣타워를 갖고 싶어요

미스커뮤니케이션

내일은 **쿠로**의 생일입니다. **쿠로** 주인이 **쿠로**에게 무슨 선물이 좋은지 묻고 있어요. 그런데 **쿠로**는 주인하고 커뮤니케이션이 잘 안 되는 모양이에요.

008

1

あら! あしたクロの
誕生日ですよ。

2

クロ、
誕生日のプレゼント、
何がほしい?

3

にゃー。
(キャットタワーが
ほしいです)

4

そうでちゅか。
鈴がほしいですか。

5

にゃー。
(缶詰もほしいです)

6

うん、うん。
お洋服も
ほしいのね?

-을/를 갖고 싶어요 명사が + ほしいです

何(なに)	が	ほしいです ほしいですか
キャットタワー		
缶詰(かんづめ)		

1. あら！あしたクロの誕生日(たんじょうび)ですよ。 어머! 내일이 쿠로 생일이에요.
2. クロ、誕生日(たんじょうび)のプレゼント、何(なに)がほしい？ 쿠로, 생일 선물 뭐 갖고 싶어?
3. にゃー。(キャットタワーがほしいです) 야옹. (캣타워를 갖고 싶어요)
4. そうでちゅか、鈴(すず)がほしいですか。 그랬쪄요? 방울을 갖고 싶어요?
5. にゃー。(缶詰(かんづめ)もほしいです) 야옹. (통조림도 먹고 싶어요)
6. うん、うん。お洋服(ようふく)もほしいのね？ 응, 응, 옷도 갖고 싶다고?

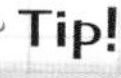

Tip!

- 「-ほしいです」의 「です」를 빼면 '갖고 싶어'라는 반말이 돼요.
- 「먹을 것+ほしい」는 '먹고 싶다'라는 의미예요.
- 「ほしい」에 「のね?」를 붙이면 '갖고 싶다고?'라는 확인의 의미가 돼요.
- 「そうでちゅか(그랬쪄요?)」는 「そうですか(그래요?)」의 뜻으로, 어른이 아기들에게 어르듯이 말하는 표현이에요.

009 ビールください

맥주 주세요

회전 초밥집에서

쿠로와 **시로**가 회전 초밥집에 갔네요.
어떻게 주문하는지 살펴 볼까요?

009

1
すみません。

2
とりあえず
ビールください。
MENU
MENU

3
わたしは
お茶ください。
MENU

4
すみません。
まぐろとサーモン
ください。

5
クロさん、ぼくは
わさびが苦手です。

6
まぐろは
わさび抜きで
お願いします。

-주세요 명사 + ください

ビール

お茶(ちゃ)

まぐろとサーモン

\+ ください

1. すみません。 — 여기요!
2. とりあえず、ビールください。 — 우선 맥주 주세요.
3. 私(わたし)はお茶(ちゃ)ください。 — 저는 녹차 주세요.
4. すみません。まぐろとサーモンください。 — 여기요, 참치하고 연어 주세요.
5. クロさん、僕(ぼく)はわさびが苦手(にがて)です。 — 쿠로 씨, 저는 와사비(고추냉이) 잘 못 먹어요.
6. まぐろはわさび抜(ぬ)きでお願(ねが)いします。 — 참치는 와사비 뺀 걸로 부탁해요.

Tip!

- 주문할 때의 「すみません」은 '미안합니다'라는 의미가 아니라 '여기요'라는 의미예요.
- 「음식+苦手(にがて)です」는 '잘 못 먹어요'라는 의미이고, 「사람+苦手です」는 '별로 안 좋아해요'라는 의미예요.
- 「わさび抜き」의 「抜き」는 「抜(ぬ)く(빼다)」에서 온 말이에요.
다른 예로 「冗談(じょうだん)抜きで」는 '(농담 빼고) 진지하게'라는 뜻이에요.

010 友(とも)だちですよね
친구죠?

시로가 좋아하는 타입

길을 걷고 있는데 저쪽에서 **쿠로** 친구 **핑크**가 걸어가고 있네요.
시로는 **핑크**가 지나가는 걸 보고 **쿠로**에게 말을 건넵니다.

010

1

あの人、クロさんの
友だちですよね。

2

はい、
ピンクちゃん～。

3

こんにちは、あれ?
シロさんですよね。

4

はい、シロです。
はじめまして。

5

たしか
韓国出身
ですよね。

6

びっくり
うわさは
はやい!

-죠? 명사 + ですよね

友(とも)だち		
シロさん	＋	ですよね
韓国出身(かんこくしゅっしん)		

① あの人(ひと)、クロさんの友(とも)だちですよね。 저 사람, 쿠로 씨 친구죠?

② はい。ピンクちゃん〜。 네, 핑크야〜!

③ こんにちは、あれ？シロさんですよね。 안녕? 어? 시로 씨죠?

④ はい、シロです。はじめまして。 네, 시로입니다. 처음 뵙겠습니다.

⑤ たしか韓国出身(かんこくしゅっしん)ですよね。 한국에서 오신 거 맞죠?

⑥ うわさははやい！(びっくり) 소문 빠르다! (깜놀!)

Tip!

- 「~ですよね」는 문장 마지막에 붙어서 '-(이)죠?' 하면서 상대방에게 확인하는 의미가 돼요.
- 「~出身(しゅっしん)」은 고향이나 국적 등을 말할 때 많이 써요.
  예 大阪(おおさか)出身です。(고향이 오사카예요.)
- 「確(たし)か」는 알고 있는 정보를 확인할 때 쓰는 표현으로 '분명히, 확실히, 아마' 등의 의미로 쓰여요.

011 何才（なんさい）になりますか
몇 살이 돼요?

시로의 생일

오늘은 시로의 생일날. 쿠로는 시로의 생일을 축하해 주고 서로 나이에 대해서 물어보고 있어요.

011

1
あした、誕生日ですよね。
おめでとうございます。

2
ありがとうございます。

3
何才になりますか。

4
14才になります。
クロさんは?

5
13才です。

6
あしたからぼくが一つ上になりますね。

-이/가 돼요 명사に + なります

何才(なんさい)	に	なります なりますか
14才(じゅうよんさい)		
上(うえ)		

1. あした、誕生日(たんじょうび)ですよね。おめでとうございます。 — 내일 생일이죠? 축하해요.
2. ありがとうございます。 — 고맙습니다.
3. 何才(なんさい)になりますか。 — 몇 살이 돼요?
4. １４才(じゅうよんさい)になります。クロさんは? — 14살이 돼요. 쿠로 씨는요?
5. １３才(じゅうさんさい)です。 — 13살이에요.
6. あしたから僕(ぼく)が一つ(ひと)上(うえ)になりますね。 — 내일부터 내가 한 살 위가 되네요.

Tip!

- 「~になります」는 「大人(おとな)になります(어른이 돼요)」, 「秋(あき)になります(가을이 돼요)」 처럼 변화를 나타내는 표현이에요. 이때 일본어는 조사 「に」가 되는 것에 유의하세요.
- 한국은 설날에 나이를 한 살 더 먹지만, 일본에서는 설날이 아니라 생일날에 나이를 한 살 더 먹게 된답니다.

012

<ruby>食事<rt>しょくじ</rt></ruby>に<ruby>行<rt>い</rt></ruby>きます

식사하러 가요

외출

주인과 산책하러 가는 **시로**는 예쁘게 차려 입고 가는 **쿠로**를 보고 부러운듯 말을 걸고 있네요.

012

1
お出かけですか。

2
はい、
散歩に行きます。
クロさんは?

3
DEPATO
Summer
Sale
7/25-8/15
買い物に
行きます。

4
いいですね。

5
それから食事に
行きます。
RESTAURANT

6
うらやましい。

-하려 가요 명사に + 行(い)きます

散歩(さんぽ)	に	行(い)きます
買(か)い物(もの)		
食事(しょくじ)		

1. お出(で)かけですか。 — 어디 가요?
2. はい、散歩(さんぽ)に行(い)きます。クロさんは? — 네, 산책하러 가요. 쿠로 씨는요?
3. 買(か)い物(もの)に行(い)きます。 — 쇼핑하러 가요.
4. いいですね。 — 좋겠네요.
5. それから食事(しょくじ)に行(い)きます。 — 그리고 식사하러 가요.
6. うらやましい。 — 부러워라.

Tip!

- 명사에 「~に行(い)きます」를 붙이면 '~하러 가요' 의미가 돼요. 예를 들면, '영화 보러 가요'는 「映画(えいが)に行きます」, '테니스 치러 가요'는 「テニスに行きます」. 정말 간단하죠?

형용사로
말할 수 있는
표현

い형용사 / な형용사 활용

い형용사 : 기본형이 「い」로 끝나고 명사를 수식할 때 「い」가 되는 형용사

명사수식형: さむい + **ひ** → さむい**ひ** (추운 날)
-です: さむい + **です** (추워요)
부정형: さむ~~い~~ + **くないです** (안 추워요)
과거형: さむ~~い~~ + **かったです** (추웠어요)
과거 부정형: さむ~~い~~ + **くなかったです** (안 추웠어요)
-て형: さむ~~い~~ + **くて** (추워서/춥고)
-くなります: さむ~~い~~ + **くなります** (추워져요)

な형용사 : 기본형이 「だ」로 끝나고 명사를 수식할 때 「な」가 되는 형용사

명사수식형: すき~~だ~~ + **ひと** → **すき**な**ひと** (좋아하는 사람)
-です: すき~~だ~~ + **です** (좋아해요)
부정형: すき~~だ~~ + **では**(=じゃ)**ないです** (안 좋아해요)
과거형: すき~~だ~~ + **でした** (좋아했어요)
과거 부정형: すき~~だ~~ + **では**(=じゃ)**なかったです** (안 좋아했어요)
-て형: すき~~だ~~ + **で** (좋아해서/좋아하고)
-になります: すき~~だ~~ + **になります** (좋아져요)

013 お弁当(べんとう)もおいしいです

도시락도 맛있어요

벚꽃놀이

시로와 **쿠로**는 따뜻한 봄을 맞이하여 공원에 벚꽃놀이 하러 왔어요. 넓은 공원에는 사람들로 엄청 붐비네요.

013

1
この公園、
広いですね。

2
人もすごく
多いですね。

3
やっぱり
お花見って
楽しいですね。

4
そうですね。

5
お弁当もいつもより
おいしいです。

6
でしょうね…。
お弁当が豪華だから。

-아/어요 い형용사 + です

広(ひろ)い / 楽(たの)しい / おいしい + です

1 この公園(こうえん)、広(ひろ)いですね。 이 공원 넓네요.

2 人(ひと)もすごく多(おお)いですね。 사람도 많네요.

3 やっぱりお花見(はなみ)って楽(たの)しいですね。 역시 벚꽃놀이는 즐겁네요.

4 そうですね。 맞아요.

5 お弁当(べんとう)もいつもよりおいしいです。 도시락도 평소보다 맛있네요.

6 でしょうね…。お弁当(べんとう)が豪華(ごうか)だから。 그렇겠지…. 초호화 도시락이니까….

Tip!

- 형용사를 외울 때는,
  広(ひろ)い(넓다) ↔ 狭(せま)い(좁다),
  多(おお)い(많다) ↔ 少(すく)ない(적다),
  おいしい(맛있다) ↔ まずい(맛없다) 처럼 반대말을 세트로 외우면 외우기 쉬워요.
- 「お花見(はなみ)って」의 「って」는 「は(-은/는)」를 강조할 때 쓰는 표현이에요.

014 とても好(す)きです

아주 좋아해요

닛코의 도쇼구

쿠로는 가을이 되니까 작년에 갔던 닛코가 그리운가 봐요. 닛코에 한 번도 가 보지 못한 **시로**에게 **쿠로**는 관광 명소를 소개하고 있네요.

014

1
秋ですね。
日光へ行きたいな。

2
日光は何が
有名ですか。

3
秋の日光は
もみじがとても
きれいですよ。

4
東照宮
わたしは、日光の
東照宮がとても
好きです。

5
あ！三匹のお猿さんで
有名でしょう？

6
はい、
「見ざる聞かざる
言わざる」
ですね。

-해요 な형용사 + です

有名(ゆうめい)だ		
きれいだ	＋	です
好(す)きだ		

❶ 秋(あき)ですね。日光(にっこう)へ行(い)きたいな。	가을이네요. 닛코에 가고 싶다~
❷ 日光(にっこう)は何(なに)が有名(ゆうめい)ですか。	닛코는 뭐가 유명해요?
❸ 秋(あき)の日光(にっこう)はもみじがとてもきれいですよ。	가을의 닛코는 단풍이 아주 예뻐요.
❹ 私(わたし)は、日光(にっこう)の東照宮(とうしょうぐう)がとても好(す)きです。	저는 닛코에 있는 도쇼구를 참 좋아해요.
❺ あ！三匹(さんびき)のお猿(さる)さんで有名(ゆうめい)でしょう？	아! 세 마리 원숭이로 유명하죠?
❻ はい、「見(み)ざる聞(き)かざる言(い)わざる」ですね。	네, '미자루 기카자루 이와자루'예요.

Tip!

- 「行(い)きたいな」의 「~な」는 문말에 붙어서 혼잣말을 나타내는 감탄사예요.
- 東照宮(とうしょうぐう) : 1617년부터 도쿠가와 이에야스(徳川家康)를 신으로 모시는 닛코(日光)의 대표적인 신사(神社)예요. 세계 유산으로 지정되어 있으며, 경내에는 8채의 국보, 34채의 중요 문화재를 포함한 55채의 건조물이 있고, 세마리의 원숭이 조각상이 유명해요.
- 「見(み)ざる聞(き)かざる言(い)わざる」는 '자신의 안 좋은 상황이나 타인의 결점, 실수 등은 보지 말고 듣지 말고 말하지 말라'는 뜻이에요. 「ざる」는 '-하지 않는다'라는 뜻인데 '원숭이(さる)'와 발음이 비슷해서 원숭이 조각으로 표현했다고 해요.

015 羽田(はねだ)まで遠(とお)くないです

하네다까지 멀지 않아요

모노레일

쿠로는 내일 하네다 공항에서 비행기를 타고 여행을 갈 예정이랍니다. 하네다까지 모노레일을 타 본 적이 없는 **시로**는 **쿠로**에게 이것저것 물어보고 있어요.

015

1
Airport
羽田まで遠いですか。

2
遠くないですよ。
ここからはモノレールが
楽です。料金も
高くないです。

3
モノレール?
それ何ですか。

4
電車ですけど、
運転手さんがいません。

5
危なくないですか。

6
ふっふっふ。
シロさん、思ったより
怖がりですね。
冗談ですよ。

-지 않아요 い형용사 く + ないです

遠(とお)~~い~~	→	遠(とお)く	
高(たか)~~い~~	→	高(たか)く	+ ないです
危(あぶ)な~~い~~	→	危(あぶ)なく	

1	羽田(はねだ)まで遠(とお)いですか。	하네다까지 멀어요?
2	遠(とお)くないですよ。ここからはモノレールが楽(らく)です。料金(りょうきん)も高(たか)くないです。	멀지 않아요. 여기에서는 모노레일이 편해요. 요금도 비싸지 않아요.
3	モノレール?それ何(なん)ですか。	모노레일? 그게 뭐예요?
4	電車(でんしゃ)ですけど、運転手(うんてんしゅ)さんがいません。	전철인데 운전사가 없어요.
5	危(あぶ)なくないですか。	위험하지 않아요?
6	ふっふっふ。シロさん、思(おも)ったより怖(こわ)がりですね。(冗談(じょうだん)ですよ。)	호호호, 시로 씨, 생각보다 겁이 많네요. (장난이에요.)

Tip!

- 쿠로가 시로에게 장난기가 발동한 모양이네요. 모노레일이란 하나의 레일을 달리는 교통기관을 말합니다. 하네다 공항까지 운행하는 도쿄 모노레일에는 운전수가 있지만, 레인보우 브리지와 오다이바를 지나는 유리카모메에는 운전수가 없습니다. 유리카모메는 모노레일과 비슷하지만 4개의 고무타이어로 콘크리트로 된 전용도로를 달리는 신교통 시스템입니다.
- 회화에서는 「직업명+さん」을 쓰는 예가 많아요.

예 運転手(うんてんしゅ)さん: 운전기사 　お巡(まわ)りさん: 경찰
お医者(いしゃ)さん: 의사 　店員(てんいん)さん: 점원

016 ここはきれいじゃないです

여기는 깨끗하지 않아요

여긴 싫어요

시로는 이번 주말에 **쿠로**와 데이트를 하기 위해 맛있어 보이는 레스토랑 사진을 준비했어요. 그런데 **쿠로**의 반응이 시큰둥하네요.

016

1
今週末、
このレストランで
食事どうですか。
RESTAURANT

2
実は、
このお店あまり
好きじゃないです。

3
どうしてですか。

4
きれいじゃないし、
料理もおいしくないです。

5
写真では
きれいですけど。

6
それに店員さんも
親切じゃないですよ。
しょぼ～ん

-하지 않아요 な형용사 じゃ + ないです

好(す)きだ	→	好(す)きじゃ		
きれいだ	→	きれいじゃ	+	ないです
親切(しんせつ)だ	→	親切(しんせつ)じゃ		

1. 今週末(こんしゅうまつ)、このレストランで食事(しょくじ)どうですか。 이번 주말에 이 레스토랑에서 식사 어때요?
2. 実(じつ)は、このお店(みせ)あまり好(す)きじゃないです。 사실 저는 이 가게 별로 좋아하지 않아요.
3. どうしてですか。 왜요?
4. きれいじゃないし、料理(りょうり)もおいしくないです。 깨끗하지도 않고, 요리도 맛있지 않아요.
5. 写真(しゃしん)ではきれいですけど。 사진에선 깨끗한데….
6. それに店員(てんいん)さんも親切(しんせつ)じゃないですよ。(しょぼ～ん) 게다가 종업원도 친절하지 않아요. (시무룩)

Tip!

- な형용사의 부정형 「-ではないです」의 「-では」는 회화체에서 주로 「-じゃ」로 줄여서 쓰입니다.
- 이 밖에도 「静(しず)かだ(조용하다)」, 「健康(けんこう)だ(건강하다)」, 「便利(べんり)だ(편리하다)」 등의 단어도 알아 둡시다.
- 「기본형＋し」는 어떤 사항을 열거할 때 쓰는 표현으로 '-하고'라는 뜻이에요.
- 「店員(てんいん)」은 '점원'이나 '종업원'을 말해요.
- 「しょぼん(시무룩)」은 기운이 없는 모습을 나타내는 의태어예요.

017 めっちゃよかったです

대박 좋았어요!

개그 공연

일본 코미디를 좋아하는 **시로**가 개그 공연에 다녀왔습니다. 어제 본 개그 공연에 대해 **시로**와 **쿠로**가 이야기를 하고 있네요.

017

1
きのうのお笑いライブは
めっちゃよかったです。

2
シロさん、
お笑い好きですか。

3
はい、大好きです。
きのうの芸人さんは
特におもしろかったです。

4
シロさん、
日本語すごく
上手ですね。

5
お笑いの日本語は
とても難しかったです。

6
でもおもしかったんでしょ。
それで十分ですよ。

-았/었어요 い형용사 + かったです

よい / おもしろい / 難(むずか)しい + かったです

1 きのうのお笑(わら)いライブはめっちゃよかったです。 — 어제 개그 공연은 대박 좋았어요.

2 シロさん、お笑(わら)い好(す)きですか。 — 시로 씨 개그 좋아하세요?

3 はい、大好(だいす)きです。きのうの芸人(げいにん)さんは特(とく)におもしろかったです。 — 네. 많이 좋아해요. 어제 개그맨은 특히 재미있었어요.

4 シロさん、日本語(にほんご)すごく上手(じょうず)ですね。 — 시로 씨, 일본어 굉장히 잘하시네요.

5 お笑(わら)いの日本語(にほんご)はとても難(むずか)しかったです。 — 개그 일본어는 너무 어려웠어요.

6 でもおもしろかったんでしょ。それで十分(じゅうぶん)ですよ。 — 근데 재미있었죠? 그걸로 충분하죠, 뭐.

Tip!

- お笑(わら)い는 일본식 개그나 만담입니다. 만담의 경우는 ボケ(멍청한 말이나 틀린 말을 하는 사람)와 ツッコミ(틀린 부분을 지적해서 웃음을 자아내는 사람)가 있습니다. お笑い로 유명한 오사카뿐만 아니라 전국 각지의 극장에서 お笑いライブ(개그 공연)를 합니다.
- 「おもしろかったんでしょ」의 「-んでしょ(う)」는 '-지요/죠?'의 뜻으로 강조하거나 확인할 때 쓰는 표현이에요.

018 にぎやかでしたね

북적북적했죠?

10주년 기념세일

언제나 조용하던 역 앞 쇼핑몰이 어제는 북적 북적했나 봅니다.
그 이유가 궁금했던 **시로**가 **쿠로**에게 물어보네요.

018

1
きのう、駅前の
ショッピングモール、すごく
にぎやかでしたね。
Shopping Mall

2
SALE
10周年記念の
バーゲンでした。
人混みで
大変でしたよ。

3
クロさん、
詳しいですね。

4
あそこのレストラン街で
友だちとお食事会
でしたから。

5
そうでしたか。

6
ちょっとびっくり。
今までは
静かでしたから。

-했어요 な형용사 + でした

にぎやかだ	+	でした
大変(たいへん)だ		
静(しず)かだ		

1. きのう、駅前(えきまえ)のショッピングモール、すごくにぎやかでしたね。 어제 역 앞 쇼핑몰 아주 북적북적했죠?
2. 10周年記念(じゅっしゅうねんきねん)のバーゲンでした。人混(ひとご)みで大変(たいへん)でしたよ。 10주년 기념 세일이었어요. 사람이 많아서 혼났어요.
3. クロさん、詳(くわ)しいですね。 쿠로 씨 잘 아시네요.
4. あそこのレストラン街(がい)で友(とも)だちとお食事会(しょくじかい)でしたから。 거기 식당가에서 친구들하고 식사 모임이 있었어요.
5. そうでしたか。 그랬어요?
6. ちょっとびっくり。今(いま)までは静(しず)かでしたから。 좀 놀랐어요. 지금까진 조용했는데.

Tip!

- 사람들과 같이 식사하는 모임을 「食事会(しょくじかい)」라고 합니다. 회사 동료들과의 회식이나 친구들과 술마시는 모임을 「飲み会(のみかい)」, 여자들만의 모임을 「女子会(じょしかい)」라고 합니다.
- 일본어의 '거기': 대화할 때 상대와 내가 같이 알고 있는 장소에 대해서는 「あそこ」, 상대가 모르고 나만 아는 장소에 대해서는 「そこ」를 써요.

019 安(やす)くなかったです

싸지 않았어요

입소문은 믿을 게 못 돼요

쿠로와 **시로**가 입소문을 듣고 간 음식점이 기대에 못 미쳤던 모양입니다.

019

1

きのうのお店、
いまいちでしたね。

2

なのに、
安くなかったです。

3

値段のわりには
おいしくなかった
ですよね。

4

はい。
口コミでは評判が
よかったのに。

5

その情報、正しく
なかったですね。

6

本当に
そうですね。

-았/었어요 い형용사 く + なかったです

安(やす)い	→	安くない		
おいしい	→	おいしくない	+	なかったです
正(ただ)しい	→	正しくない		

1. きのうのお店(みせ)、いまいちでしたね。 — 어제 갔던 가게 별로였죠?
2. なのに、安(やす)くなかったです。 — 근데 (가격도) 싸지 않았어요.
3. 値段(ねだん)のわりにはおいしくなかったですよね。 — 가격에 비해 맛도 없었지요?
4. はい。口コミでは評判(ひょうばん)がよかったのに。 — 네. 입소문으로는 평판이 좋았는데.
5. その情報(じょうほう)、正(ただ)しくなかったですね。 — 그 정보 정확하지 않았네요.
6. 本当(ほんとう)にそうですね。 — 정말 그러네요.

Tip!

- いまいちだ: 별로다
- ~のわりには: ~에 비해
- 일본에서는 음식이나 숙박시설, 화장품이나 전자제품 등에 대한 정보나 사람들의 평가를 볼 수 있는 口(くち)コミサイト가 활발하게 기능하고 있어요. 일본에서 음식점에 가거나 쇼핑할 때 활용해 보세요.
- 「よかったのに」의 「-のに」는 '-ㄴ/는데'의 뜻이에요. 「동사·い형용사 기본형+のに」, 「な형용사·명사-な+のに」로 접속해요.

020 部屋探しは簡単じゃなかったです

へやさが かんたん

방 구하기가 쉽지 않았어요

방 구하기

쿠로가 부동산 잡지를 보며 뭔가 열심히 생각하고 있습니다.
그런 **쿠로**에게 **시로**가 말을 거네요.

020

1
クロさん、
引越し?
お部屋探し

2
はい。
今、部屋探しで
忙しいです。

3
いい部屋ありますか。

4
これ、写真ではとても
よかったのに、実物は
思ったよりきれいじゃ
なかったです。

5
ひどいですね。

6
しかも、周りも
静かじゃなかったし、
ふー!お部屋探しはそんなに
簡単じゃなかったです。

-지 않았어요 な형용사 じゃ + なかったです

きれいだ	→	きれいじゃ	
静(しず)かだ	→	静(しず)かじゃ	+ なかったです
簡単(かんたん)だ	→	簡単(かんたん)じゃ	

1. クロさん、引越(ひっこ)し? 쿠로 씨, 이사해요?
2. はい。今(いま)、部屋探(へやさが)しで忙(いそが)しいです。 네. 지금 방 구하는 거 때문에 바빠요.
3. いい部屋(へや)ありますか。 좋은 방 있어요?
4. これ、写真(しゃしん)ではとてもよかったのに、実物(じつぶつ)は思(おも)ったよりきれいじゃなかったです。 이거 사진에서는 굉장히 좋았는데 실물은 생각보다 깨끗하지 않았어요.
5. ひどいですね。 너무하네요.
6. しかも、周(まわ)りも静(しず)かじゃなかったし。ふー! お部屋探(へやさが)しはそんなに簡単(かんたん)じゃなかったです。 게다가 주변도 조용하지 않았고요. 후유, 방 구하는 건 그렇게 쉽지 않았어요.

Tip!

- 「-じゃなかったです」는 「-ではなかったです」의 줄임말로 「-ではありませんでした」와 같은 뜻이에요.
- 일본에는 전세가 없고 대부분이 매월 家賃(やちん)(집세)을 내는 월세입니다. 처음에 들어갈 때 보증금 격인 敷金(しききん)과 집을 빌려줘서 고맙다는 의미로 주인에게 礼金(れいきん)을 지불해요.

021 目(め)が大(おお)きくて脚(あし)が長(なが)いです

눈이 크고 다리가 길어요

시로의 남동생

시로에게 한국에 있는 남동생이 있었네요.
쿠로는 **시로**의 남동생에 대해서 처음 들었어요.

021

1
シロさんは
兄弟がいますか。

2
はい、
弟が一人います。

3
そうですか。
どんな方ですか。

4
目が大きくて
脚が長いです。
やさしくて頭も
いいですよ。

5
写真ありますか。

6
いいえ、
ぼくの弟は
写真うつりが
わるくて…。

-하고 い형용사 + くて

大(おお)き~~い~~		
やさし~~い~~	+	くて
悪(わる)~~い~~		

1. シロさんは、兄弟(きょうだい)がいますか。 시로 씨는 형제가 있어요?
2. はい、弟(おとうと)が一人(ひとり)います。 네, 남동생이 하나 있어요.
3. そうですか。どんな方(かた)ですか。 그래요? 어떤 분이에요?
4. 目(め)が大(おお)きくて脚(あし)が長(なが)いです。やさしくて頭(あたま)もいいですよ。 눈이 크고 다리가 길어요. 착하고 머리도 좋아요.
5. 写真(しゃしん)ありますか。 사진 있어요?
6. いいえ、僕(ぼく)の弟(おとうと)は写真(しゃしん)うつりが悪(わる)くて…。 아뇨, 우리 남동생은 사진발을 잘 안 받아서….

Tip!

- 「い형용사＋くて」는 나열뿐만 아니라 이유를 말할 때도 사용해요.
  예 このデパートは安(やす)くてしょっちゅう来(き)ます。(이 백화점은 싸서 자주 와요.)
- 자신의 형제를 타인에게 소개할 때는 「弟(おとうと)(남동생), 妹(いもうと)(여동생), 姉(あね)(누나/언니), 兄(あに)(형/오빠)」라고 하고, 타인의 형제에 대해서 말할 때는 「弟(おとうと)さん, 妹(いもうと)さん, お姉(ねえ)さん, お兄(にい)さん」처럼 「さん」을 붙입니다.

022 新鮮(しんせん)でおいしかったです

신선하고 맛있었어요

새로 생긴 패밀리 레스토랑

시로는 일본의 패밀리 레스토랑을 좋아하나 봐요.
쿠로의 집 근처에 새로 생긴 가게에 대해 묻고 있어요.

022

1

あ、ファミレスだ。
ここ新しいですよね。
RESTAURANT

2

ええ、値段も
リーズナブルで、
サービスも
よかったですよ。

3

ぼく、ファミレス
大好きです。

4

特に「サーモンと野菜の
サラダ」は、新鮮で
おいしかったですよ。

5

そうですか。
サーモン大好き。

6

Drink Bar
店内もきれいで、
ドリンクバーの飲み物も
いろいろありました。

-하고 な형용사 + で

リーズナブルだ
新鮮(しんせん)だ
きれいだ
＋ で

❶ あ、ファミレスだ。ここ新(あたら)しいですよね。 — 아, 패밀리 레스토랑이다! 여기 새로 생긴 데지요?

❷ ええ、値段(ねだん)もリーズナブルで、サービスもよかったですよ。 — 네, 가격도 저렴하고 서비스도 좋았어요.

❸ 僕(ぼく)、ファミレス大好(だいす)きです。 — 전 패밀리 레스토랑 너무 좋아해요.

❹ 特(とく)に「サーモンと野菜(やさい)のサラダ」は、新鮮(しんせん)でおいしかったですよ。 — 특히 연어 채소 샐러드는 신선하고 맛있었어요.

❺ そうですか。サーモン大好(だいすき)き。 — 그래요? 연어 너무 좋아해요!

❻ 店内(てんない)もきれいで、ドリンクバーの飲(の)み物(もの)もいろいろありました。 — 가게 내부도 깨끗하고 무제한 음료 종류도 많이 있었어요.

Tip!

- 「な형용사+で」는 나열뿐만 아니라 이유를 말할 때도 사용해요.
  예 ピアノが上手(じょうず)でびっくりした。(피아노를 잘 쳐서 깜짝 놀랐다.)
- 가족단위로 많이 찾는 패밀리 레스토랑은 원래 「ファミリーレストラン」인데 줄여서 「ファミレス」라고 해요. 드링크 바(ドリンクバー)는 무제한으로 음료수를 마실 수 있는 시스템이에요.

023 広(ひろ)くなりました

넓어졌어요

집안 분위기 변화

봄을 맞이하여 **시로 어머니**는 옷장 정리를 하면서 집안 분위기도 새롭게 바꿨어요. **쿠로**가 **시로** 집에 가 보고 뭔가 변화를 느낀 것 같아요.

023

1
最近、シロさんの家、
なんか広くなりましたね。

2
はい、
お母さんの
整理整頓の
おかげです。

3
カーテンの色も
明るくなりましたね。

4
ええ、衣替えの
ついでに。

5
そうですか。
シロさんの部屋も
新しくなりましたか。

6
いいえ。ぼくの
部屋も模様替えが
必要なんですけど。

-아/어졌어요 い형용사 く + なりました

広(ひろ)~~い~~	→	広(ひろ)く		
明(あか)る~~い~~	→	明(あか)るく	＋	なりました
新(あたら)し~~い~~	→	新(あたら)しく		

❶ 最近(さいきん)、シロさんの家(いえ)、なんか広(ひろ)くなりましたね。 요즘 시로 씨 집 왠지 넓어졌어요.

❷ はい、お母(かあ)さんの整理整頓(せいりせいとん)のおかげです。 네, 어머니의 정리정돈 덕분이에요.

❸ カーテンの色(いろ)も明(あか)るくなりましたね。 커튼 색도 밝아졌네요.

❹ ええ、衣替(ころもが)えのついでに。 네, 옷장 정리하는 김에….

❺ そうですか。シロさんの部屋(へや)も新(あたら)しくなりましたか。 그래요. 시로 씨 방도 새로워졌어요?

❻ いいえ。僕(ぼく)の部屋(へや)も模様替(もようが)えが必要(ひつよう)なんですけど。 아뇨, 제 방도 변화가 필요한데.

Tip!

- 「衣替(ころもが)え」는 계절이 바뀔 때 하는 옷장 정리를 말하고, 「模様替(もようが)え」는 가구나 전체적인 분위기를 바꾸는 걸 말해요.
- 「必要(ひつよう)なんです」의 「-んです」는 '강조'의 의미예요. 「-んです」는 그 밖에 '이유'를 나타낼 때도 씁니다. 「동사·い형용사 기본형+んです」, 「な형용사·명사-な+んです」로 접속해요.

  예 きょういっしょに夕食(ゆうしょく)どうですか。(오늘 같이 저녁 식사 어때요?)
  すみません。きょうはアルバイトがあるんです。(죄송해요. 오늘은 아르바이트가 있거든요.)

024 便利(べんり)になりましたね

편리해졌네요

인터넷 쇼핑

요즘 **시로**는 인터넷 쇼핑하는 법을 알게 됐어요. 한국에 김치 주문도 할 수 있게 되고 여러모로 편리해진 모양이에요.

024

1

ぼく、
ネットショッピングが
上手になりました。

2

それは
よかったですね。

3

キムチの注文も
問題ないです。

4

インターネットの
おかげで、だいぶ
楽になりました。

5

世の中、便利に
なりましたね。

6

今度はペットグッズの
注文にチャレンジ！
楽しみです。

-해졌어요 な형용사 に + なりました

上手(じょうず)だ	→	上手(じょうず)に	
楽(らく)だ	→	楽(らく)に	+ なりました
便利(べんり)だ	→	便利(べんり)に	

❶ 僕(ぼく)、ネットショッピングが上手(じょうず)になりました。 저 인터넷 쇼핑 이제 잘해요.

❷ それはよかったですね。 그거 잘됐네요.

❸ キムチの注文(ちゅうもん)も問題(もんだい)ないです。 김치 주문도 문제없어요.

❹ インターネットのおかげで、だいぶ楽(らく)になりました。 인터넷 덕분에 꽤 편해졌어요.

❺ 世(よ)の中(なか)、便利(べんり)になりましたね。 세상 참 편해졌네요.

❻ 今度(こんど)はペットグッズの注文(ちゅうもん)にチャレンジ！楽(たの)しみです。 다음 번에는 펫상품 주문에 도전! 기대돼요!

Tip!

- 「ネットショッピング」는 「インターネットショッピング」의 줄임말. 「グッズ」는 각종 캐릭터 상품을 말하는데, 「ペットグッズ」라고 하면 애완동물용 상품을 말해요.
- 「楽(たの)しみ(です)」는 '기대가 돼요'라는 표현이에요.

그림으로 외우는 형용사

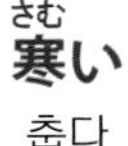

さむ
寒い
춥다

あつ
暑い
덥다

おいしい
맛있다

いい
좋다

¥2,500,000

たか
高い
비싸다

sale

やす
安い
싸다

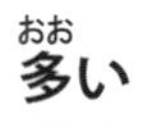

おお
多い
많다

おもしろい
재미있다

たの
楽しい
즐겁다

すき
好きだ
좋아하다

きら
嫌いだ
싫어하다

じょうず
上手だ
잘하다

ゆうめい
有名だ
유명하다

しず
静かだ
조용하다

しんせつ
親切だ
친절하다

げんき
元気だ
건강하다

きれいだ
예쁘다

おな
同じだ
같다

동사
ます형으로
말할 수 있는
표현

동사 **ます**형 만들기

일본어 동사는 활용 방법에 따라
3개의 그룹으로 나눌 수 있습니다.
ます형은 Ⅲ그룹 → Ⅱ그룹 → Ⅰ그룹 순으로
외우는 게 간단해요!

Ⅲ그룹 동사 「**来(く)る**」(오다), 「**する**」(하다) 두 개 뿐이에요!

来(く)る [k~~uru~~] → **来(き)ます** [kimasu]
する [s~~uru~~] → **します** [simasu]

Ⅱ그룹 동사 기본형이 [-**iる**], [-**eる**]로 끝나는 동사
る[ru]를 지우고 **ます**[masu]를 붙여요. i~~る~~→iます / e~~る~~→eます

예 見(み)**る** [mi~~ru~~] → み**ます** [mimasu]
食(た)べ**る** [tabe~~ru~~] → たべ**ます** [tabemasu]

Ⅰ그룹 동사 **Ⅲ그룹**과 **Ⅱ그룹 이외**의 동사
[u]를 [i]로 고치고 **ます**[masu]를 붙여요. u→iます

예 行(い)**く** [iku] → い**きます** [ikimasu]
読(よ)**む** [yomu] → よ**みます** [yomimasu]
座(すわ)**る** [suwaru] → すわ**ります** [suwarimasu]

단, 帰(かえ)る, 切(き)る, 走(はし)る, 知(し)る, 入(はい)る, 減(へ)る, 要(い)る는 기본형이 [-iる], [-eる]로 끝나지만 Ⅰ그룹 동사이니 주의하세요!

예 帰(かえ)る [kaeru] → 帰ります [kaerimasu]

025 朝7時に起きます

あさしちじ　お

아침 7시에 일어나요

하루 일과

시로와 **쿠로**가 하루 일과에 대해서 얘기하고 있습니다.
시로의 하루 일과를 듣고 여러분도 하루 일과를 말해 보세요.

025

1

毎日、何時に
起きますか。

2

朝7時に
起きます。

3

そのあと、
何をしますか。

4

ニュースを
見ます。

5

何時から
お仕事ですか。

6

夜8時からです。

-해요 ～ます

起(お)きる	→	起(お)き	＋	ます ますか
する	→	し		
見(み)る	→	見(み)		

1. 毎日(まいにち)、何時(なんじ)に起(お)きますか。 매일 몇 시에 일어나요?
2. 朝(あさ)7時(しちじ)に起(お)きます。 아침 7시에 일어나요.
3. そのあと、何(なに)をしますか。 그다음에 뭘 해요?
4. ニュースを見(み)ます。 뉴스를 봐요.
5. 何時(なんじ)からお仕事(しごと)ですか。 몇 시부터 일해요?
6. 夜(よる)8時(はちじ)からです。 밤 8시부터예요.

Tip!

시간 **何時(なんじ)ですか。**(몇 시예요?)

1時(いちじ), 2時(にじ), 3時(さんじ), 4時(よじ), 5時(ごじ), 6時(ろくじ), 7時(しちじ), 8時(はちじ), 9時(くじ), 10時(じゅうじ), 11時(じゅういちじ), 12時(じゅうにじ)

분 **何分(なんぷん)ですか。**(몇 분이에요?)

1分(いっぷん), 2分(にふん), 3分(さんぷん), 4分(よんぷん), 5分(ごふん), 6分(ろっぷん), 7分(ななふん), 8分(はっぷん), 9分(きゅうふん), 10分(じゅっぷん)

026 料理(りょうり)しませんか

요리 안 해요?

시로의 식사

시로의 **어머니**가 잠시 한국에 가셨어요.
그러자 **시로**의 식사에 좀 문제가 생겼나 봐요.

026

1

シロさん、
このごろ、なぜか
元気がありませんね。

2

お母さんが今
韓国にいるので
食事がちょっと…

3

お父さんは
料理をしませんか。

4

最近、豆腐料理
ばかりなんです。

5

実は、
ぼく、豆腐料理は
苦手なんです。

6

お父さん、
シロさんの好みが
わかりませんね。
かわいそうに。

안 -해요 ～ません

ある	→	あり~~ます~~	+	ません ませんか
する	→	し~~ます~~		
わかる	→	わかり~~ます~~		

1. シロさん、このごろ、なぜか元気(げんき)がありませんね。 — 시로 씨, 요즘 왠지 기운이 없네요.
2. お母(かあ)さんが今(いま)韓国(かんこく)にいるので、食事(しょくじ)がちょっと…。 — 어머니가 지금 한국에 있어서 식사가 좀….
3. お父(とう)さんは料理(りょうり)をしませんか。 — 아버지는 요리 안 해요?
4. 最近(さいきん)、豆腐料理(とうふりょうり)ばかりなんです。 — 요즘 맨날 두부 요리예요.
5. 実(じつ)は、僕(ぼく)、豆腐料理(とうふりょうり)は苦手(にがて)なんです。 — 전 두부 요리는 잘 못 먹거든요.
6. お父(とう)さん、シロさんの好(この)みがわかりませんね。かわいそうに。 — 아버지가 시로 씨 취향을 모르네요…. 불쌍하다….

Tip!

- 「かわいそう(可哀想)に」는 '불쌍하게/가엾게'라는 뜻이에요.
  예 かわいそうに見(み)えます。(불쌍하게 보여요.)
  본문에서 처럼 「かわいそうに。」가 단독으로 쓰일 때는 '불쌍하다…'라는 의미예요.

027 鎌倉(かまくら)に行(い)きました

가마쿠라에 갔어요

가마쿠라

쿠로가 이번 골든위크 때 가족들과 같이 가마쿠라에 놀러 갔다 온 모양이에요. 시로가 쿠로의 이야기를 듣고 부러워하고 있네요.

027

1

クロさん、
ゴールデンウィークに
何をしましたか。

2

家族と鎌倉に
行きました。

3

いいですね。鎌倉で
何をしましたか。

4

長谷寺で大仏の
写真をとりました。
それから抹茶も
飲みました。

5

うらやましいな。

6

江ノ電にも乗りました。
あと、江の島で
しらす丼も
食べましたよ。

-했어요 ～ました

行(い)く	→	行(い)き~~ます~~	+	ました ましたか
飲(の)む	→	飲(の)み~~ます~~		
乗(の)る	→	乗(の)り~~ます~~		

① クロさん、ゴールデンウィークに何(なに)をしましたか。
쿠로 씨, 골든 위크에 뭐 했어요?

② 家族(かぞく)と鎌倉(かまくら)に行(い)きました。
가족들하고 가마쿠라에 갔어요.

③ いいですね。鎌倉(かまくら)で何(なに)をしましたか。
좋았겠네요. 가마쿠라에서 뭐 했어요?

④ 長谷寺(はせでら)で大仏(だいぶつ)の写真(しゃしん)をとりました。それから抹茶(まっちゃ)も飲(の)みました。
하세데라에서 대불 사진을 찍었어요. 그리고 말차도 마셨어요.

⑤ うらやましいな。
부럽다.

⑥ 江(え)ノ電(でん)にも乗(の)りました。あと、江(え)の島(しま)でしらす丼(どん)も食(た)べましたよ。
에노덴도 탔어요. 그리고 에노시마에서 시라스 덮밥도 먹었어요.

Tip!

- '～을 타다'는 「-に乗(の)る」라고 해요. 조사는 「を(을/를)」가 아니라 「に(에)」를 쓰니까 주의 하세요!
- 「長谷寺(はせでら)」는 가마쿠라(鎌倉)에 있는 절로, 9.18m의 대불(大仏)이 있는 곳으로 유명해요.
- 골든위크는 4월 말부터 5월초에 걸쳐 공휴일이 모여 있는 기간입니다.
- しらす丼(どん)은 작은 멸치로 만든 회덮밥인데 しらす(작은 멸치)가 에노시마에서 많이 잡히기 때문에 그 근처에서 맛볼 수 있는 별미예요.

028 気づきませんでした

몰라봤어요

생얼

시로가 화장을 안 하고 온 **쿠로**를 몰라보고 실수를 합니다.
시로는 뒤늦게 수습해 보려고 하지만 때는 이미 늦은 것 같아요.

028

1
ピンクさん、
クロさん見ませんでしたか。

2
さっきから
ここにいますよ!

3
え? ごめん!!
気づきませんでした。

4
きょう、時間がなくて
化粧できませんでした。

5
スッピンも
かわいいな。

6
もう遅いです!!

안 -했어요 ～ませんでした

見(み)る	→	見(み)~~ます~~		
気(き)づく	→	気(き)づき~~ます~~	+	ませんでした ませんでしたか
できる	→	でき~~ます~~		

1. ピンクさん、クロさん見(み)ませんでしたか。 — 핑크 씨, 쿠로 씨 못 봤어요?
2. さっきから、ここにいますよ。 — 아까부터 여기 있었어요.
3. え?ごめん。気(き)づきませんでした。 — 어! 미안. 몰라봤어요.
4. きょう、時間(じかん)がなくて化粧(けしょう)できませんでした。 — 오늘 시간이 없어서 화장 못 했어요.
5. スッピンもかわいいな。 — 생얼도 귀엽네~.
6. もう遅(おそ)いです。 — 이미 늦었어요.

Tip!

- 「スッピン」은 화장을 안 한 '생얼'이라는 뜻이에요.
- 「きづく」에는 '눈치채다', '알다', '알아보다'라는 뜻이 있고, 「きづかない」에는 '눈치 못 채다', '모르다'라는 뜻이 있어요.

029 いっしょにデパートに行(い)きましょう

같이 백화점에 가요

아버지날

곧 다가올 아버지날에 무슨 선물을 사야 할 지 **쿠로**가 고민하고 있는 것 같네요.

029

1

もうすぐ
父の日ですが、
プレゼントで
悩んでいます。

2

ネクタイとか
シャツはどうですか。

3

うむ…。
男性へのプレゼントは
難しいですね。

4

いっしょに
考えましょうか。
デパートでいっしょに
選びましょう。
Summer
Sale

5

本当ですか。
お願いします。

6

あした、いっしょに
デパートに
行きましょう。

(같이) -해요/할까요? ~ましょう/ましょうか

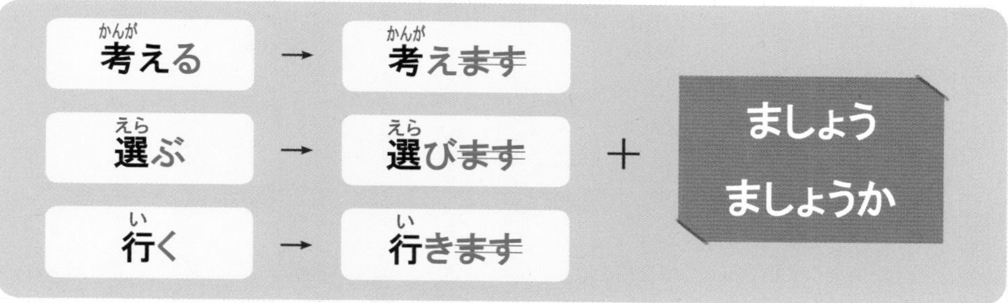

かんが
考える → 考えます
えら
選ぶ → 選びます
い
行く → 行きます
+
ましょう
ましょうか

1. もうすぐ父(ちち)の日ですが、プレゼントで悩(なや)んでいます。 곧 아버지 날인데 선물 때문에 고민 중이에요.

2. ネクタイとかシャツはどうですか。 넥타이나 셔츠는 어때요?

3. うむ…。男性(だんせい)へのプレゼントは難(むずか)しいですね。 음…. 남자한테 주는 선물은 어렵네요.

4. いっしょに考(かんが)えましょうか。デパートでいっしょに選(えら)びましょう。 같이 생각해 볼까요? 백화점에 가서 같이 고릅시다.

5. 本当(ほんとう)ですか。お願(ねが)いします。 정말이에요? 부탁해요.

6. あした、いっしょにデパートに行(い)きましょう。 내일 같이 백화점에 가요.

Tip!

- **일본의 어버이날**

일본에는 아버지날(父(ちち)の日(ひ))과 어머니날(母(はは)の日(ひ))이 따로 있습니다. 어머니날은 5월 둘째주 일요일이고, 아버지날은 6월 셋째주 일요일입니다. 어머니날에는 한국과 마찬가지로 카네이션을 선물하지만 아버지날에는 장미를 선물하기도 합니다.

030 温泉に行きたいです

おん せん　い

온천에 가고 싶어요

온천

시로와 **쿠로**가 다음 토요일에 같이 놀러 가기로 했습니다.
어디에 갈지 같이 얘기하고 있습니다.

030

1
クロさん、
今度の土曜日、
何をしたいですか。

2
温泉に
行きたいですね。

3
じゃあ、箱根に
行きますか。
温泉

4
いいですね。
黒たまごも
食べたいです。

5
ぼくは
骨がいいのに…

6
わぁ、
楽しみです。

-하고 싶어요 ～たいです

する	→	し~~ます~~		
行(い)く	→	行(い)き~~ます~~	＋	たいです
食(た)べる	→	食(た)べ~~ます~~		

❶ クロさん、今度(こんど)の土曜日(どようび)、何(なに)をしたいですか。 쿠로 씨, 이번 토요일에 뭐 하고 싶어요?

❷ 温泉(おんせん)に行(い)きたいですね。 온천에 가고 싶어요.

❸ じゃあ、箱根(はこね)に行(い)きますか。 그럼 하코네에 갈래요?

❹ いいですね。黒(くろ)たまごも食(た)べたいです。 좋네요! 검은 계란도 먹고 싶어요.

❺ 僕(ぼく)は骨(ほね)がいいのに…。 난 뼈다귀가 좋은데….

❻ わぁ、楽(たの)しみです。 우아! 기대돼요!

Tip!

- 黒(くろ)たまご: 하코네(箱根)의 명물인 검은 계란.
- 하코네는 도쿄 근변의 유명 화산온천 지역으로, 온천 휴양과 관광을 즐길 수 있는 곳이에요. 특히 화산에서 흘러나오는 유황온천에 삶은 검은 계란을 먹을 수 있는 곳으로도 유명해요.

031 <ruby>何<rt>なに</rt></ruby>もしたくないです

아무것도 하기 싫어요

기운없는 시로

오늘은 **시로**가 어디 아픈지 힘이 하나도 없어 보여요.
쿠로는 **시로**가 안돼 보였는지 이것저것 말을 걸어 보고 있네요.

031

1

シロさん、きょう元気ないですね。

2

はい、何もしたくないです。

3

これ、食べますか。

4

いいえ、何も食べたくないです。

5

じゃあ、わたしと散歩もしたくないですね?
うそじゃないんだ…。

6

いえいえ、そんなことないです。
何でこんな時にかぎって?

-하기 싫어요 ~たくないです

する	→	し~~ます~~		
食(た)べる	→	食(た)べ~~ます~~	+	たくないです
散歩(さんぽ)する	→	散歩(さんぽ)し~~ます~~		

1. シロさん、きょう元気(げんき)ないですね。 — 시로 씨, 오늘 기운이 없네요.
2. はい、何(なに)もしたくないです。 — 네, 아무것도 하기 싫어요.
3. これ、食(た)べますか。 — 이거 먹을래요?
4. いいえ、何(なに)も食(た)べたくないです。 — 아뇨, 아무것도 먹기 싫어요.
5. (うそじゃないんだ…。)
じゃあ、私(わたし)と散歩(さんぽ)もしたくないですね? — (거짓말이 아니구나….) 그럼, 저하고 산책도 하기 싫어요?
6. いえいえ、そんなことないです。
(何(なん)でこんな時(とき)にかぎって?) — 아뇨아뇨, 그런 거 아니에요. (왜 하필 이럴 때?)

Tip!

- 「したくないです」 표현을 「したくありません」이라고 말해도 좋아요.
- 「したくもないです(-기도 싫어요)」, 「したくはないです(-기는 싫어요)」 처럼 중간에 조사를 넣어서 쓸 수도 있어요.
- 「うそじゃないんだ」의 「-んだ(구나)」는 다른 사람의 말이나 행동을 납득했을 때 쓰는 표현이에요.
- 「-に限(かぎ)って」는 직역하면 '~에 한해서'이지만, '하필 ~'라는 뜻으로도 쓰여요.

032 使い(つか)やすいです

쓰기 편해요

새로 나온 스마트폰

시로와 **쿠로**는 스마트폰 매장을 지나가면서 쇼케이스 안에 새로 나온 최신모델을 발견한 순간 멈춰 섰어요.

032

1
これが最新モデルのスマホですって。

2
かわいい。きっと使いやすいですよね。

3
画面が大きいから、たぶん動画も見やすいですよね。

4
メールも打ちやすいでしょうね。
こんにちは。

5
1万円ですって。
¥10,000

6
ほしいなー。

-하기 편해요 ～やすいです

使(つか)う	→	使(つか)い~~ます~~		
見(み)る	→	見(み)~~ます~~	＋	やすいです
打(う)つ	→	打(う)ち~~ます~~		

1. これが最新(さいしん)モデルのスマホですって。 — 이게 최신모델 스마트폰이래요.
2. かわいい。きっと使(つか)いやすいですよね。 — 예쁘다~ 분명히 쓰기 편할 거예요.
3. 画面(がめん)が大きいから、たぶん動画(どうが)も見(み)やすいですよね。 — 화면도 커서 아마 동영상도 보기 편하겠죠?
4. メールも打(う)ちやすいでしょうね。 — 문자도 입력하기 편하겠네요.
5. 1万円(いちまんえん)ですって。 — 만 엔이래요.
6. ほしいなー。 — 갖고 싶다.

Tip!

- 「~しやすい」는 '-기 편하다' 또는 '-기 쉽다'라고 말해요.
  예 この町(まち)は住(す)みやすいです。(이 동네는 살기 편해요.)
  この本(ほん)は読(よ)みやすいです。(이 책은 읽기 쉬워요.)
- 휴대폰으로 보내는 문자를 일본에서는 「메일(メール)」이라고 해요.
- '만 엔'을 표현할 때 한국은 「万円(만 엔)」, 일본은 「1万円(いちまんえん)(일만 엔)」으로 쓰니까 주의하세요!
- 「-ですって(-래요)」는 다른 곳에서 들은 내용을 전달할 때 쓰는 인용표현이에요.

033 食(た)べにくいです
먹기 힘들어요

게 요리

시로가 쿠로 집에 식사 초대를 받아서 갔는데 게 요리가 나왔네요.

033

1
わ〜、カニだ！

2
カニ好きですか。カニは食べにくいので、わたしは苦手です。

3
ぼくは大好きです。

4
料理しにくいし、身もとりにくいです。

5
ぼくがとりましょうか。

6
本当？ やさしい。ありがとう。

-하기 힘들어요/어려워요 ～にくいです

食(た)べる	→	食(た)べ~~ます~~		
する	→	し~~ます~~	＋	にくいです
とる	→	とり~~ます~~		

❶ わー、カニだ！ — 와~ 게다!

❷ カニ好(す)きですか。カニは食(た)べにくいので、私(わたし)は苦手(にがて)です。 — 게 좋아해요? 게는 먹기 힘들어서 저는 별로예요.

❸ 僕(ぼく)は大好(だいす)きです。 — 저는 너무 좋아해요.

❹ 料理(りょうり)しにくいし、身(み)もとりにくいです。 — 요리하기 힘들고, 게살도 발라내기 어려워요.

❺ 僕(ぼく)がとりましょうか。 — 제가 발라 줄까요?

❻ 本当(ほんとう)？やさしい。ありがとう。 — 정말요? 자상하다. 고마워요.

Tip!

- 「~しにくい」는 '-기 어렵다' 또는 '-기 힘들다'라고 말해요.

  예 この本(ほん)は内容(ないよう)が難(むず)しくて<u>読(よ)みにくいです</u>。
  (이 책은 내용이 어려워서 <u>읽기 어려워요</u>.)

  この本(ほん)は文字(もじ)が小(ちい)さいので<u>読(よ)みにくいです</u>。
  (이 책은 글씨가 작아서 <u>읽기 힘들어요</u>.)

034 ご飯(はん)を食(た)べながら

밥을 먹으면서

잔소리

걸어 가면서 음식을 먹고 있는 **시로**를 본 **쿠로**는 잔소리를 하기 시작하고 있어요.

034

1

シロさん、
歩きながら
おにぎりですか。

2

あ、はい。
きょうはちょっと
忙しくて。

3

「ながら食べ」は
お行儀悪いですよ。

4

うちのお父さんも、
ご飯を食べながら
テレビを見るけど。

5

それも、ほんとうは
よくないです。

6

でも、この前クロさんと
おしゃべりしながら
食べましたよね。

-하면서 ～ながら

歩(ある)く	→	歩(ある)き~~ます~~		
食(た)べる	→	食(た)べ~~ます~~	＋	ながら
おしゃべりする	→	おしゃべりし~~ます~~		

❶ シロさん、歩(ある)きながらおにぎりですか。 시로 씨, 걸어 다니면서 삼각김밥 먹어요?

❷ あ、はい。きょうはちょっと忙(いそが)しくて。 아, 네. 오늘은 좀 바빠서요.

❸ 「ながら食(た)べ」はお行儀(ぎょうぎ)悪(わる)いですよ。 먹으면서 뭐 하는 건 안 좋은 버릇이에요.

❹ うちのお父(とう)さんも、ご飯(はん)を食(た)べながらテレビを見(み)るけど。 우리 아버지도 밥 먹으면서 텔레비전을 보는데.

❺ それも、ほんとうはよくないです。 그것도 원래 안 좋아요.

❻ でも、この前(まえ)クロさんとおしゃべりしながら食(た)べましたよね。 하지만 요전에 쿠로 씨하고 얘기하면서 먹었잖아요.

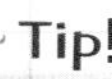

Tip!

- 「~ながら」는 동사에 붙여 두 가지 동작을 동시에 한다는 걸 나타내요. 물론 「働(はたら)きながら勉強(べんきょう)します(일하면서 공부해요)」처럼 회사일을 하면서 학교에도 다닌다는 표현에도 쓸 수 있어요.
- 「ながら食(た)べ」는 '먹으면서 뭔가 다른 일을 동시에 하는 것'을 의미해요.

035 見(み)に行(い)きます

보러 가요

불꽃놀이

쿠로가 **시로**에게 불꽃놀이 축제를 소개하네요. 스미다강의 불꽃놀이 축제를 보러 가게 된 **시로**는 아주 신이 났어요.

035

1
今週末、
花火大会見に
行きませんか。

2
行きたい！

3
隅田川で
花火大会がありますよ。

4
ちょうど、ぼくも
どこか遊びに
行きたかったんです。

5
じゃあ、前の日の
夜に場所とりに
行きましょう。

6
そんなに早く?

-하러 가다 ～に行く(い)

見(み)る	→	見(み)~~ます~~	+	に行(い)く
遊(あそ)ぶ	→	遊(あそ)び~~ます~~		
とる	→	とり~~ます~~		

❶ 今週末(こんしゅうまつ)、花火大会(はなびたいかい)見(み)に行(い)きませんか。 — 이번 주말에 불꽃놀이 축제가 있어요. 보러 갈래요?

❷ 行(い)きたい! — 가고 싶다!

❸ 隅田川(すみだがわ)で花火大会(はなびたいかい)がありますよ。 — 스미다강에서 불꽃놀이 축제가 있어요.

❹ ちょうど、僕(ぼく)もどこか遊(あそ)びに行(い)きたかったんです。 — 마침 저도 어딘가 놀러 가고 싶었어요.

❺ じゃあ、前(まえ)の日(ひ)の夜(よる)に場所(ばしょ)とりに行(い)きましょう。 — 그럼 전날 밤에 자리 잡으러 가요.

❻ そんなに早(はや)く? — 그렇게 빨리?

Tip!

- 도쿄의 「隅田川(すみだがわ)(스미다강)」 불꽃놀이는 매년 7월 마지막주 토요일에 열리는 가장 유서가 깊은 축제로 많은 사람들이 모입니다. 그래서 전날부터 좋은 자리를 잡으려고 사람들이 많이 몰려요. 축제 기간중에는 각종 노점상이나 포장마차 등도 늘어서서 다코야키나 야키소바 등 여러 가지 맛있는 음식도 즐길 수 있어요.

036 食(た)べすぎました

너무 많이 먹었어요

오랜만에 간 뷔페라서

시로는 어제 가족과 뷔페에 다녀왔네요. 그런데 몸 상태가 별로 안 좋은 것 같아요.

036

1
どこか具合悪いですか。

2
はい、おなかの調子が悪いんです。きのう、食べ放題で食べすぎました。

3
久しぶりの食べ放題で興奮しすぎました。

4
薬は飲みましたか。

5
はい、一日分を一気に飲みました。効くかなあ。

6
それ、薬の飲みすぎですよ。

너무 많이 -하다 ~すぎる

食(た)べる	→	食(た)べ~~ます~~		
興奮(こうふん)する	→	興奮(こうふん)し~~ます~~	＋	すぎる
飲(の)む	→	飲(の)み~~ます~~		

1. どこか具合(ぐあい)悪(わる)いですか。 — 어디 몸이 안 좋아요?
2. はい、おなかの調子(ちょうし)が悪(わる)いんです。
きのう、食(た)べ放題(ほうだい)で食(た)べすぎました。 — 네, 속이 안 좋아요. 어제 뷔페에서 과식했어요.
3. 久(ひさ)しぶりの食(た)べ放題(ほうだい)で興奮(こうふん)しすぎました。 — 오랜만에 간 뷔페라서 너무 흥분했어요.
4. 薬(くすり)は飲(の)みましたか。 — 약은 먹었어요?
5. はい、一日分(いちにちぶん)を一気(いっき)に飲(の)みました。
効(き)くかなあ。 — 네, 하루치를 한꺼번에 먹었어요. 효과가 있을까?
6. それ、薬(くすり)の飲(の)みすぎですよ。 — 그거, 약 너무 많이 먹은 거예요.

Tip!

- 동사 「~ます」형에 「~すぎる」를 붙여서 '너무 많이 ~하다', '지나치게 ~하다'라는 뜻을 표현해요.
  예 飲(の)みすぎる: 과음하다 食(た)べすぎる: 과식하다 働(はたら)きすぎる: 과로하다
- 「~すぎる」의 명사형은 「~すぎ」예요. 예 飲みすぎ: 과음
- 食(た)べ放題(ほうだい): 마음대로 먹을 수 있는 '뷔페'
  おなかの調子(ちょうし)が悪(わる)い: 속이 안 좋다
  薬(くすり)を飲(の)む: 약을 먹다
  薬(くすり)が効(き)く: 약이 듣다·효과가 있다

037 <ruby>雨<rt>あめ</rt></ruby>が<ruby>降<rt>ふ</rt></ruby>りそうですね

비가 올 것 같네요

벚꽃이 질 것 같아요

핑크는 아직 벚꽃놀이를 못 갔는데 이번 주에 비가 오면 벚꽃이 다 질 것 같아요. 어떡하죠?

037

1

雨が降りそうですね。
天気予報で今晩から
雨ですって。

2

今晩の雨で
桜も散りそうですね。

3

わたし、
花見まだなのに…。

4

有名な上野公園の
お花見も今週で
終わりそうですよ。

5

じゃ、あしたは
花見に行きますか。

6

残念…。わたしは
あした用事が
あります…。

-할 것 같아요 ~そうです

降(ふ)る	→	降(ふ)り~~ます~~		
散(ち)る	→	散(ち)り~~ます~~	+	そうです
終(お)わる	→	終(お)わり~~ます~~		

1. 雨(あめ)が降(ふ)りそうですね。天気予報(てんきよほう)で今晩(こんばん)から雨(あめ)ですって。
   비가 올 것 같네요. 일기예보에서 오늘 밤부터 비 온대요.

2. 今晩(こんばん)の雨(あめ)で桜(さくら)も散(ち)りそうですね。
   오늘 밤비 때문에 벚꽃도 질 것 같아요.

3. 私(わたし)、花見(はなみ)まだなのに…。
   난 꽃구경 아직 못 했는데….

4. 有名(ゆうめい)な上野公園(うえのこうえん)のお花見(はなみ)も今週(こんしゅう)で終(お)わりそうですよ。
   유명한 우에노 공원의 벚꽃놀이도 이번 주로 끝날 것 같아요.

5. じゃ、あしたは花見(はなみ)に行(い)きますか。
   그럼 내일 꽃구경하러 갈까요?

6. 残念(ざんねん)…。私(わたし)はあした用事(ようじ)があります…。
   어떡하죠? 전 내일 볼일이 있어요….

Tip!

- 「~そうです」는 동사 「~ます」형에 붙어서 상태나 상황을 근거로 추측할 때 주로 써요. 「おいしそうです(맛있을 것 같아요)」 처럼 형용사의 어간에도 붙어요.
- 「花(はな)が散(ち)る」는 '꽃이 지다'라는 뜻이에요. 도쿄의 우에노(上野)공원이나 신주쿠교엔(新宿御苑), 요요기(代々木)공원 등은 벚꽃놀이로 유명한 곳이에요.

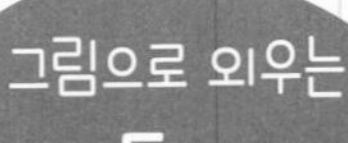
그림으로 외우는
동사

会(あ)う
만나다

書(か)く
쓰다

急(いそ)ぐ
서두르다

BUS STOP

待(ま)つ
기다리다

遊(あそ)ぶ
놀다

話(はな)す
이야기하다

歩(ある)く
걷다

寝(ね)る
자다

あげる/もらう
주다/받다

の
飲む
마시다

わかる
알다

た
食べる
먹다

み
見る
보다

く
来る
오다

?
?

おも
思う
생각하다

か
買う
사다

つく
作る
만들다

べんきょう
勉強する
공부하다

동사
て형으로
말할 수 있는
표현

동사 て형 만들기

Ⅰ그룹 동사 ❶ 기본형이 「**く, ぐ**」로 끝나는 동사
く → いて　예 書(か)**く** → か**いて**
ぐ → いで　예 急(いそ)**ぐ** → いそ**いで**

❷ 기본형이 「**む, ぶ**」로 끝나는 동사
む, ぶ → んで　예 飲(の)**む** → の**んで**

❸ 기본형이 「**う, つ, る**」로 끝나는 동사
う, つ, る → って　예 待(ま)**つ** → ま**って**

❹ 기본형이 「**す**」로 끝나는 동사
す → して　예 話(はな)**す** → はな**して**

Ⅱ그룹 동사 기본형이 [-**iる**], [-**eる**]로 끝나는 동사　~~る~~→て

예 見(み)**る** [mi~~ru~~] → み**て** [mite]
食(た)べ**る** [tabe~~ru~~] → たべ**て** [tabete]

Ⅲ그룹 동사 **来**(く)**る** → **来**(き)**て**
する → **して**

038 いちご狩(が)りして、ジャム も作(つく)って

딸기 따 먹고 잼도 만들고

딸기 따기 체험

쿠로가 봄방학 때 다녀온 딸기 따기 체험에 대해서 이야기 하고 있어요.

038

1

春休みにどこか行ってきましたか。

2

いちご狩りに行きました。いちご狩りして、ジャムも作って。

3

ぼくも雑誌でみて、興味がありました。

4

いろんないちごがあって、テンション上がりましたよ。

5

いちごはたくさん食べましたか。

6

はい、とても幸せでした。

-하고/해서 ～て

~~する~~	→	し		
作(つく)~~る~~	→	作(つく)っ	＋	て
見(み)~~る~~	→	見(み)		

❶ 春休(はるやす)みにどこか行(い)ってきましたか。
봄방학 때 어딘가 갔다 왔어요?

❷ いちご狩(が)りに行(い)きました。いちご狩(が)りして、ジャムも作(つく)って。
딸기 따기 하러 갔어요. 딸기 따 먹고, 잼도 만들고.

❸ 僕(ぼく)も雑誌(ざっし)で見(み)て、興味(きょうみ)がありました。
나도 잡지에서 보고, 관심이 있었어요.

❹ いろんないちごがあって、テンション上(あ)がりましたよ。
여러 가지 딸기가 있어서 막 기분이 업됐어요!

❺ いちごはたくさん食(た)べましたか。
딸기는 많이 먹었어요?

❻ はい、とても幸(しあわ)せでした。
네, 정말 행복했어요.

Tip!

- テンションが上(あ)がる : 기분이 업되다
  テンションが下(さ)がる : 기분이 다운되다
- 「～狩(が)り」: 일본에는 과수원에 가서 과일을 따먹는 여행 상품이 계절마다 있습니다. 겨울과 봄에는 딸기 따기(いちご狩り), 여름에는 복숭아 따기(桃(もも)狩り), 가을에는 포도 따기(ぶどう狩り)와 사과 따기(りんご狩り) 등이 인기입니다.

039 行き方を教えてください

いかたおし

가는 법 좀 가르쳐 주세요

전철역에서

시로가 신오쿠보(新大久保)역에서 역무원에게
도쿄돔까지 가는 방법을 물어보고 있습니다.

039

1
すみません。
東京ドームに
行きたいんですけど、
行き方を教えてください。

2
まず、
170円のきっぷを
買ってください。

3
はい、170円の
きっぷですね。

4
それから、
山手線に乗って、
新宿まで
行ってください。
新宿
東京
品川

5
新宿で総武線に
乗り換えて、水道橋で
降りてください。

6
どうもありがとう
ございました。

-해 주세요 ～てください

教(おし)える	→	教(おし)え~~る~~		
買(か)う	→	買(か)っ~~う~~	＋	てください
降(お)りる	→	降(お)り~~る~~		

❶ すみません。東京(とうきょう)ドームに行(い)きたいんですけど、行(い)き方(かた)を教(おし)えてください。

저기요. 도쿄돔에 가고 싶은데요, 가는 법 좀 가르쳐 주세요.

❷ まず、１７０円(ひゃくななじゅうえん)のきっぷを買(か)ってください。

우선 170엔짜리 표를 사세요.

❸ はい、１７０円(ひゃくななじゅうえん)のきっぷですね。

네. 170엔짜리 표요?

❹ それから、山手線(やまのてせん)に乗(の)って、新宿(しんじゅく)まで行(い)ってください。

그리고 야마노테선을 타고 신주쿠까지 가세요.

❺ 新宿(しんじゅく)で総武線(そうぶせん)に乗(の)り換(か)えて、水道橋(すいどうばし)で降(お)りてください。

신주쿠에서 소부선으로 갈아타고 스이도바시에서 내리세요.

❻ どうもありがとうございました。

감사합니다.

Tip!

- 일본의 교통카드에는 스이카(Suica)와 파스모(PASMO)가 있습니다. 두 카드 모두 철도나 버스를 탈 때 이용할 수 있는데, 다른 점은 스이카는 국철인 JR에서 구입하고 파스모는 사철인 도쿄메트로에서 구입한다는 점입니다. 두 카드 모두 편의점이나 자동판매기에서 물건을 구매할 때도 쓰입니다.

040 掃除機(そうじき)をかけてくれますか

청소기 좀 돌려줄래요?

엄마의 부탁

외출하는 **시로 엄마**에게 자상한 **아빠**가 뭐 도와 줄 일은 없냐고 물어봅니다. **엄마**는 **아빠**에게 몇 가지 집안일을 부탁합니다.

040

1

シロ、ママはちょっと出かけてくるから、パパとお留守番してね。

2

何かやってほしいことありますか。

3

えー、いいですか。じゃ、掃除機かけてくれますか。

4

それから、洗濯物を取り込んでくれますか。

5

はい、了解。

6

帰ってきて、おいしいもの作ってあげますから、よろしく。

-해 줄래요? ~てあげますか/てくれますか

かける	→	かけて	+	てあげますか てくれますか
取(と)り込(こ)む	→	取(と)り込(こ)んで		
作(つく)る	→	作(つく)って		

❶ シロ、ママはちょっと出(で)かけてくるから、パパとお留守番(るすばん)してね。
시로야, 엄마는 좀 나갔다 올 테니까 아빠하고 집 보고 있어.

❷ 何(なに)かやってほしいことありますか。
뭐 도와줄 일 있어요?

❸ えー、いいですか。じゃ、掃除機(そうじき)かけてくれますか。
네? 부탁해도 돼요? 그럼 청소기 좀 돌려줄래요?

❹ それから、洗濯物(せんたくもの)を取(と)り込(こ)んでくれますか。
그리고 빨래 좀 걷어 줄래요?

❺ はい、了解(りょうかい)。
응, 오케이!

❻ 帰(かえ)ってきて、おいしいもの作(つく)ってあげますから、よろしく。
갔다 와서 맛있는 거 만들어 줄 테니까 부탁해요.

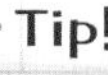

Tip!

- 젊은 부부 사이에서는 반말을 사용하는 경우가 대부분인데, 뭔가 부탁하거나 화가 났을 때는 존댓말을 사용하기도 합니다.
- 「~てあげる」와 「~てくれる」는 둘 다 한국어로 '~해 주다'라는 뜻이지만 주어에 따라 의미가 달라집니다.
  ~てあげる: 내가 다른 사람에게 해 줄 때 **(나 → 다른 사람)**
  ~てくれる: 다른 사람이 나에게 해 줄 때 **(다른 사람 → 나)**

041 いろいろやってもらって助(たす)かりました

이것저것 해 줘서 고마웠어요

아빠의 부탁

외출에서 돌아온 **엄마**는 집안일을 해 준 **아빠**에게 고마워하는데 **아빠**는 **엄마**에게 새로운 부탁을 합니다.

041

1

きょうはパパに
いろいろやってもらって、
助かりました。

2

どういたしまして。
このくらいは、
お安い御用です。

3

洗濯物取り込んで
もらって正解でした。
午後、急な雨でしたから。

4

そんなに
感動しましたか。
じゃ、ぼくのお願いも
聞いてもらいましょう。

5

なーに?

6

来月から
お小遣いあげて
くれないかな。

-해 줘요 ~てもらいます

やる	→	やっ~~て~~		
取(と)り込(こ)む	→	取(と)り込(こ)ん~~で~~	+	てもらいます
聞(き)く	→	聞(き)い~~て~~		

1. きょうはパパにいろいろやってもらって、助(たす)かりました。 — 오늘은 당신이 이것저것 해 줘서 고마웠어요.
2. どういたしまして。このくらいは、お安(やす)い御用(ごよう)です。 — 천만에요. 이 정도는 얼마든지 할 수 있어요.
3. 洗濯物(せんたくもの)取(と)り込(こ)んでもらって正解(せいかい)でした。午後(ごご)、急(きゅう)な雨(あめ)でしたから。 — 빨래 걷어달라고 하길 잘했어요. 오후에 갑자기 비가 와서요.
4. そんなに感動(かんどう)しましたか。じゃ、僕(ぼく)のお願(ねが)いも聞(き)いてもらいましょう。 — 그렇게 감동했어요? 그럼 내 부탁도 들어줘야지.
5. なーに? — 뭔데?
6. 来月(らいげつ)からお小遣(こづか)いあげてくれないかなあ。 — 다음 달부터 용돈 안 올려 주려나?

Tip!

- 「助(たす)かりました」는 '살았어요'라는 뜻인데 보통 다른 사람이 도와준 것에 대해서 고맙다는 의미로 써요.
- 「~てもらう」는 직역하면 (내가) 다른 사람에게 '해 받다'지만 다른 사람이 나한테 '해 주다'라는 뜻이에요. 같은 의미의 「~てくれる」가 다른 사람이 주어가 되는 반면, 「~てもらう」는 내가 주어가 돼요.

042 いつも並(なら)んでいます

항상 (사람들이) 줄 서 있어요

한국에서 온 친구

한국에서 친구가 와 있어서 친구를 여기저기 안내해 주느라
시로가 요즘 바쁜 모양이에요

042

1

シロさん、
お久しぶりです。
元気ですか。

2

お久しぶりです。
今、韓国から
友だちが来ていて
忙しいんです。

3

あ、
そうですか。

4

はい。それでですが、
おいしいラーメン屋さん
知っていますか。

5

ラーメン
いらっしゃいませ
駅前のラーメン屋が
すごくおいしいですよ。

6

ラーメン
あ、あそこ、
いつも並んで
いますよね。

-아/어 있어요 ～ています

来(く)る	→	来(き)~~て~~	＋	ています
知(し)る	→	知(し)っ~~て~~		
並(なら)ぶ	→	並(なら)ん~~で~~		

❶ シロさん、お久(ひさ)しぶりです。元気(げんき)ですか。	시로 씨, 오래간만이에요. 잘 지냈어요?
❷ お久(ひさ)しぶりです。今(いま)、韓国(かんこく)から友(とも)だちが来(き)ていて忙(いそが)しいんです。	오래간만이에요. 지금 한국에서 친구가 와 있어서 바빠요.
❸ あ、そうですか。	아, 그래요?
❹ はい。それでですが、おいしいラーメン屋(や)さん知(し)っていますか。	네. 그래서 말인데요, 맛있는 라면집 알아요?
❺ 駅前(えきまえ)のラーメン屋(や)がすごくおいしいですよ。	역 앞에 라면집이 진짜 맛있어요.
❻ あ、あそこ、いつも並(なら)んでいますよね。	아, 거기 항상 (사람들이) 줄 서 있지요?

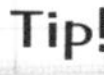

Tip!

- 「~ています」는 '~아/어 있어요(상태)'라는 의미도 있지만, '~고 있어요(진행)'라는 뜻도 있어요. 예를 들어, 「並(なら)んでいます」는 '줄 서 있다'라는 상태의 의미인데, 「運転(うんてん)しています」는 '운전하고 있다'라는 동작진행의 의미입니다.
- 「~ています」는 회화에서는 「い」를 생략해서 「~てます」로 발음하는 경우가 있습니다.

043 用意(ようい)してあります

준비되어 있어요

지진

시로와 **쿠로, 핑크**가 같이 있는데 지진이 난 모양이에요.
꽤 흔들리는데도 당황하지 않고 긴급상황에 대처하고 있습니다.

043

1
あ、地震だ。

2
けっこう揺れますね。
あ、ドア開けないと。

3
OK
もう開けてあります。
ガス栓も止めて
ありますよ。
OK

4
あ、よかった。
万が一のために
防災グッズも
必要ですね。
非常用
water
water

5
もう用意してありますよ。
ところで、震度は
どのくらいでしたかね。
非常用

6
速報 〉〉〉 震度3
「震度3」ですって。

-아/어 있어요 ～てあります

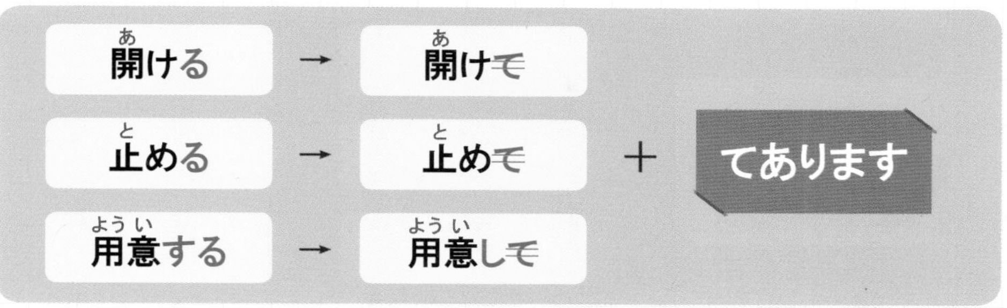
開(あ)ける → 開(あ)け~~て~~
止(と)める → 止(と)め~~て~~
用意(ようい)する → 用意(ようい)し~~て~~
＋
てあります

❶ あ、地震(じしん)だ。 — 어, 지진이다!

❷ けっこう揺(ゆ)れますね。あ、ドア開(あ)けないと。 — 꽤 흔들리네요. 아, 문 열어야지.

❸ もう開(あ)けてあります。ガス栓(せん)も止(と)めてありますよ。 — 벌써 열려 있어요. 가스 밸브도 잠겨 있어요.

❹ あ、よかった。万(まん)が一(いち)のために防災(ぼうさい)グッズも必要(ひつよう)ですね。 — 아, 다행이다. 만일을 위해 재난 대비 용품도 필요하겠네요.

❺ もう用意(ようい)してありますよ。ところで震度(しんど)はどのくらいでしたかね。 — 이미 준비되어 있어요. 그런데 진도는 어느 정도였을까요?

❻ 「震度(しんど)３(さん)」ですって。 — '진도 3'이래요.

Tip!

- 지진이 나면 화재가 발생하지 않도록 가스 불을 끄고 밸브도 잠가 두는 것이 좋다고 합니다. 그리고 언제든지 밖으로 대피할 수 있도록 문을 열어두는 것도 중요합니다.

044 頑張(がんば)ってみます
노력해 볼게요

놀이공원에서

쿠로와 **시로**는 같이 놀이공원에 갔어요. **시로**는 무서운 놀이기구를 못 타는 것 같아요. 근데 롤러코스터를 같이 타자는 **쿠로**의 말에 **시로**가 용기를 냅니다

044

1
シロさん、ジェットコースター好きですか。

2
いいえ!! 乗りたくないです。こわいです!

3
楽しいですよ。わたしと乗ってみませんか。

4
クロさんと? …、乗ってみます。

5
せっかくの遊園地ですから、いろいろチャレンジしてみてください。

6
はい、頑張ってみます。
怖くない!!

-해 볼게요 ～てみます

乗(の)る	→	乗(の)っ~~て~~		
チャレンジする	→	チャレンジし~~て~~	+	てみます
頑張(がんば)る	→	頑張(がんば)っ~~て~~		

❶ シロさん、ジェットコースター好(す)きですか。 — 시로 씨, 롤러코스터 좋아해요?

❷ いいえ、乗(の)りたくないです。こわいです。 — 아뇨, 타기 싫어요. 무서워요.

❸ 楽(たの)しいですよ。私(わたし)と乗(の)ってみませんか。 — 재밌어요. 저하고 타 보지 않을래요?

❹ クロさんと?…、乗(の)ってみます。 — 쿠로 씨하고요? 음…. 타 볼게요.

❺ せっかくの遊園地(ゆうえんち)ですから、いろいろチャレンジしてみてください。 — 모처럼 놀이공원에 왔으니까 여러 가지 도전해 보세요.

❻ はい、頑張(がんば)ってみます。(怖(こわ)くない!) — 네, 노력해 볼게요. (안 무서워!)

Tip!

- 「~てみます」는 '시도(-해 보다)'를 의미해요.
- 「ジェットコースター」는 '롤러코스터, 청룡열차'의 뜻.
- 「頑張(がんば)る」는 '분발하다, 노력하다; 열심히 하다'라는 뜻이에요.
  - 예 勉強(べんきょう)、頑張ります。(공부 열심히 하겠습니다.)

045 買(か)っておきました
사 놨어요

바베큐

쿠로, 시로, 핑크는 내일 바베큐하러 가기로 했어요.
뭘 준비해야 할지 오늘 점검하면서 대화하고 있어요.

045

1
あしたの
バーベキュー
楽しみですね。

2
ぼくは早く
行きますけど、
何かして
おきましょうか。

3
じゃ、鉄板を
借りておいて
ください。

4
はい、わかりました。
飲み物も
用意しますね。

5
お願いします。
おもちとソーセージは
買っておきました。

6
わぁ、焼き餅!
おいしそう。

-해 놔요/해 놓을게요 ～ておきます

する	→	し~~て~~		
借(か)りる	→	借(か)り~~て~~	＋	ておきます
買(か)う	→	買(か)っ~~て~~		

❶ あしたのバーベキュー楽(たの)しみですね。 내일 바베큐 기대되네요.

❷ 僕(ぼく)は早(はや)く行(い)きますけど、何(なに)かしておきましょうか。 전 일찍 갈 건데 뭐 해 놓을까요?

❸ じゃ、鉄板(てっぱん)を借(か)りておいてください。 그럼 불판을 빌려 놔 주세요.

❹ はい、わかりました。飲(の)み物(もの)も用意(ようい)しますね。 네, 알겠어요. 음료수도 준비할게요.

❺ お願(ねが)いします。おもちとソーセージは買(か)っておきました。 부탁해요. 떡하고 소시지는 사 놨어요.

❻ わぁ、焼(や)き餅(もち)！おいしそう。 와아~ 구운 떡! 맛있겠다~

Tip!

- 동사 「~ておく」는 '~해 놓다/두다'의 표현이에요.
- 일본에서는 바베큐장에서 바베큐 도구를 빌리거나 식재료를 살 수 있어서 편리합니다.
- 「焼(や)き餅(もち)(구운 떡)」은 일본식 네모난 찰떡을 불판에 구워 먹는 것인데 설날에 주로 많이 먹어요.

046 弱火にしてから味噌を入れます

よわび / みそ / い

불을 줄이고 나서 된장을 넣어요

된장국 만드는 법

시로는 **쿠로**의 집에 초대받아서 식사를 하다가 **쿠로**가 만든 된장국이 맛있어서 어떻게 만드는지 묻고 있어요.

046

1
このお味噌汁
おいしいですね。
どうやって
作りますか。

2
お味噌汁は
味噌を入れる
タイミングが
大事です。

3
お湯をわかしてから、
弱火にします。
それから味噌を
入れます。

4
え、弱火にしてから
味噌を入れますか。

5
韓国の味噌汁と
作り方が
違いますね。

6
うちに帰ってから、
お母さんに
教えてあげないと。

-하고 나서 ～てから

わかす	→	わかし~~て~~		
する	→	し~~て~~	＋	てから
帰(かえ)る	→	帰(かえ)っ~~て~~		

1. この お味噌汁(みそしる)おいしいですね。どうやって作(つく)りますか。 — 이 된장국 맛있네요. 어떻게 만들어요?
2. お味噌汁(みそしる)は味噌(みそ)を入(い)れるタイミングが大事(だいじ)です。 — 된장국은 된장을 넣는 타이밍이 중요해요.
3. お湯(ゆ)をわかしてから、弱火(よわび)にします。それから味噌(みそ)を入(い)れます。 — 물을 끓이고 나서 불을 약하게 해요. 그리고나서 된장을 넣어요.
4. え、弱火(よわび)にしてから味噌(みそ)を入(い)れますか。 — 어? 불을 약하게 하고 나서 된장을 넣어요?
5. 韓国(かんこく)の味噌汁(みそしる)と作(つく)り方(かた)が違(ちが)いますね。 — 한국 된장국하고 만드는 법이 다르네요.
6. うちに帰(かえ)ってから、お母(かあ)さんに教(おし)えてあげないと。 — 집에 돌아가서 어머니께 가르쳐 드려야지!

Tip!

일본 사람들은 된장국을 자주 먹습니다. 하지만 된장의 맛과 만드는 방법이 한국과 다릅니다. 된장의 종류도 「くろみそ(검은된장)」, 「しろみそ(흰된장)」, 「あかみそ(붉은된장)」 등 여러 가지가 있어요. 된장요리도 많은데 특히 나고야의 명물 '붉은 된장 돈가스(赤味噌(あかみそ)カツ)' 는 아주 유명해요.

047 液晶(えきしょう)が割(わ)れてしまいました

액정이 깨져 버렸어요

깨진 스마트폰

저런~! 시로는 지하철에서 내리다가 스마트폰을 떨어뜨리고 말았네요.

047

1
すみません~

2
どうしましたか。

3
線路にスマホを
落としてしまいました。
降りるとき手から
すべってしまって。

4
そうですか。
少々お待ち
ください。

5
これでしょうか。

6
あれ? 液晶が
割れちゃった。
はい、ありがとう
ございます。

-해 버렸어요 ～てしまいました

落(お)とす	→	落(お)とし~~て~~		
すべる	→	すべっ~~て~~	+	てしまいました
割(わ)れる	→	割(わ)れ~~て~~		

1. すみません。 — 저기요.
2. どうしましたか。 — 무슨 일이세요?
3. 線路(せんろ)にスマホを落(お)としてしまいました。降(お)りるとき手(て)からすべってしまって。 — 선로에 스마트폰을 떨어뜨렸어요. 내릴 때 손에서 미끄러져서.
4. そうですか、少々(しょうしょう)お待(ま)ちください。 — 그래요? 잠시 기다리세요.
5. これでしょうか。 — 이거예요?
6. はい、ありがとうございます。あれ？ 液晶(えきしょう)が割(わ)れちゃった。 — 네, 감사합니다. 어? 액정이 깨져 버렸네.

Tip!

- 「~てしまいました」는 의도하지 않은 일이 일어나 버렸을 때도 쓰이지만, 의도적으로 '~해 버렸다'라는 의미로도 쓰여요.
  - 예 きのう宿題(しゅくだい)を全部(ぜんぶ)してしまいました。(어제 숙제를 다 해 버렸어요.)
- 「~てしまった(-해 버렸다)」는 회화체에서 「~ちゃった」로 줄여서 잘 쓰입니다.
  - 예 もう行(い)っちゃった。(벌써 가 버렸다.)
- 스마트폰을 보느라 앞을 보지 않고 걸어가는 것을 「歩(ある)きスマホ」라고 말해요

048 飲(の)んでもいいですか

마셔도 돼요?

병원에서

시로가 몸이 아파서 병원에 갔습니다. 의사 선생님이 시로를 진찰하고 있네요.

048

1
腸炎ですね。
薬を出します。

2
きょう、食事しても
いいですか。

3
きょうは
我慢してください。

4
お水は飲んでも
いいですか。
water

5
お水は大丈夫ですよ。
ご飯はあしたから
食べてもいいです。

6
わかりました。
先生、ありがとう
ございます。

-해도 돼요? ～てもいいですか

食事(しょくじ)する	→	食事(しょくじ)し~~て~~		
飲(の)む	→	飲(の)ん~~で~~	＋	てもいいですか
食(た)べる	→	食(た)べ~~て~~		

❶ 腸炎(ちょうえん)ですね。薬(くすり)を出(だ)します。 — 장염이네요. 약을 처방해 드릴게요.

❷ きょう、食事(しょくじ)してもいいですか。 — 오늘 식사해도 돼요?

❸ きょうは我慢(がまん)してください。 — 오늘은 참으세요.

❹ お水(みず)は飲(の)んでもいいですか。 — 물은 마셔도 돼요?

❺ お水(みず)は大丈夫(だいじょうぶ)ですよ。ご飯(はん)はあしたから食(た)べてもいいです。 — 물은 괜찮아요. 밥은 내일부터 먹어도 됩니다.

❻ わかりました。先生(せんせい)、ありがとうございます。 — 알겠습니다. 선생님 감사합니다.

Tip!

- 病院(びょういん)(병원)에 관련된 말
  - 内科(ないか): 내과
  - 耳鼻科(じびか): 이비인후과
  - 外科(げか): 외과
  - 歯科(しか): 치과. 회화에서는 歯医者(はいしゃ)라고 써요.
  - 眼科(がんか): 안과
  - 産婦人科(さんふじんか): 산부인과
  - 小児科(しょうにか): 소아과
  - 整形外科(せいけいげか): 정형외과
  - 美容外科(びようげか): 성형외과

049 捨[す]てはいけませんよ

버려서는 안 돼요

쓰레기 분리

시로가 편의점 도시락을 먹고 쓰레기를 버리려고 하니까 **쿠로**가 바로 지적하고 있네요.

049

1
それはそこに
捨ててはいけませんよ。

2
もえるゴミに入れては
いけませんか。

3
それはもえない
ゴミでしょう。
もえるゴミとまぜては
いけません。

4
クロさん、
詳しいですね。

5
家でごみを
出すときにも
気をつけてくださいね!

6
はい、
わかりました。

-해서는 안 돼요 ～てはいけません

捨(す)てる	→	捨(す)て~~る~~	+	てはいけません
入(い)れる	→	入(い)れ~~る~~		
まぜる	→	まぜ~~る~~		

❶ それはそこに捨(す)ててはいけませんよ。 — 그건 거기에 버려서는 안 돼요.

❷ もえるゴミに入(い)れてはいけませんか。 — 타는 쓰레기에 넣으면 안 돼요?

❸ それはもえないゴミでしょう。もえるゴミとまぜてはいけません。 — 그건 안 타는 쓰레기잖아요. 타는 쓰레기랑 섞으면 안 돼요.

❹ クロさん、詳(くわ)しいですね。 — 쿠로 씨, 잘 아네요.

❺ 家(うち)でゴミを出(だ)すときにも気(き)をつけてくださいね。 — 집에서 쓰레기를 내놓을 때도 주의하세요.

❻ はい、わかりました。 — 네, 알겠어요.

Tip!

- 일본에서는 쓰레기를 버릴 때 보통 타는 쓰레기(もえるゴミ)와 안 타는 쓰레기(もえないゴミ)로 분리하고, 병이나 캔, 페트병도 버리는 곳이 따로 분리되어 있어요.
- 사람에게 「詳(くわ)しい(자세하다)」를 쓰면 '자세히 잘 알고 있다'라는 의미예요.

050 どんなプロポーズをしてほしいですか

(남자친구가) 어떤 프러포즈를 해 줬으면 좋겠어요?

프로포즈

시로가 프러포즈에 대한 잡지 기사를 보면서 **쿠로**와 **핑크**에게 뭔가 질문하고 있네요.

050

1
理想のプロポーズランキング?

2
二人はどんなプロポーズをしてほしいですか。

3
思い出の場所ですてきな指輪を渡してほしいです。

4
わたしはストレートに「結婚してください」と言ってほしいなあ。
結婚してください

5
わたしたち、まずは彼氏作らなきゃね。

6
そろそろ、ぼくの気持ちに気付いてほしいなあ…。

-해 줬으면 좋겠어요 ~てほしいです

する	→	し~~て~~		
渡(わた)す	→	渡(わた)し~~て~~	＋	てほしいです
言(い)う	→	言(い)っ~~て~~		

❶ 理想(りそう)のプロポーズ・ランキング？ 이상적인 프러포즈 랭킹?

❷ 二人(ふたり)はどんなプロポーズをしてほしいですか。 두 사람은 (남자친구가) 어떤 프러포즈를 해 줬으면 좋겠어요?

❸ 思(おも)い出(で)の場所(ばしょ)で、すてきな指輪(ゆびわ)を渡(わた)してほしいです。 추억의 장소에서 멋진 반지를 줬으면 좋겠어요.

❹ 私(わたし)はストレートに「結婚(けっこん)してください」と言(い)ってほしいなあ。 저는 그냥 결혼해 달라고 말해 줬으면 좋겠어요.

❺ 私(わたし)たち、まずは彼氏(かれし)作(つく)らなきゃね。 우리, 우선 남자 친구부터 만들어야겠다.

❻ そろそろ、僕(ぼく)の気持(きも)ちに気(き)づいてほしいなあ…。 이제 슬슬 내 마음도 좀 알아줬으면 좋겠는데….

Tip!

- 「~てほしい」는 다른 사람이 어떤 행동을 해 주었으면 하고 바랄 때 쓸 수 있는 표현이에요.
- 주로 「주어＋が~してほしい」나 「주어＋に~してほしい」로 쓸 수 있어요.

051 持(も)っていきます

가지고 갈게요

피크닉 준비

쿠로는 일요일에 가기로 한 피크닉 때
무엇을 가지고 갈까 생각하고 있네요.

051

1

日曜のピクニック、
楽しみですね。
何を持って
いきますか。

2

わたしは
何か食べ物を
持っていきますね。

3

では、ぼくは飲み物を
買っていきます。

4

シートもお願いして
いいですか。

5

シートは
持ってないけど…。

6

じゃ、わたしが
ピンクちゃんに
借りていきます。

-고 갈게요 ～ていきます

持(も)つ	→	持(も)って	
買(か)う	→	買(か)って	＋ ていきます
借(か)りる	→	借(か)りて	

1. 日曜(にちよう)のピクニック、楽(たの)しみですね。何(なに)を持(も)っていきますか。 — 일요일 피크닉이 너무 기대돼요. 뭐 가지고 갈 거예요?
2. 私(わたし)は何(なに)か食(た)べ物(もの)を持(も)っていきますね。 — 저는 먹을 거 좀 가지고 갈게요.
3. では、僕(ぼく)は飲(の)み物(もの)を買(か)っていきます。 — 그럼 제가 음료수를 사 가지고 갈게요.
4. シートもお願(ねが)いしていいですか。 — 돗자리도 부탁해도 돼요?
5. シートは持(も)ってないけど…。 — 돗자리는 없는데….
6. じゃ、私(わたし)がピンクちゃんに借(か)りていきます。 — 그럼 제가 핑크한테 빌려서 갈게요.

Tip!

- 「~ていきます」는 '-고 갈게요' 뿐만 아니라 '-고 가요'의 의미도 있어요.
  - 예 毎日(まいにち)会社(かいしゃ)へおべんとうを持(も)っていきます。
    (매일 회사에 도시락을 가지고 가요.)
- 회화체에서 요일을 말할 때는 「~曜日」의 「日」를 빼고 주로 말합니다.
  - 예 月曜日(げつようび) → 月曜(げつよう)

052 友(とも)だちを連(つ)れてきました

친구를 데리고 왔어요

피크닉

공원에서 만난 시로와 쿠로.
쿠로는 친구 미도리를 데리고 왔어요.

052

1
友だちのみどりちゃんを連れてきました。

2
はじめまして。

3
みどりがおにぎりを作ってきました。

4
しゃけおにぎりと明太子おにぎりがありますが、どっちがいいですか。

5
どっちもいいです。

6
デザートも持ってきました。あとで食べてくださいね。

-고 와요 ～てきます

連(つ)れる	→	連(つ)れて		
作(つく)る	→	作(つく)って	＋	てきます
持(も)つ	→	持(も)って		

1. 友(とも)だちのみどりちゃんを連(つ)れてきました。 친구 미도리를 데리고 왔어요.
2. はじめまして。 처음 뵙겠습니다.
3. みどりがおにぎりを作(つく)ってきました。 미도리가 주먹밥을 만들어 왔어요.
4. しゃけおにぎりと明太子(めんたいこ)おにぎりがありますが、どっちがいいですか。 연어 주먹밥하고 명란젓 주먹밥이 있는데 어느 게 좋아요?
5. どっちもいいです。 아무거나 좋아요.
6. デザートも持(も)ってきました。あとで食(た)べてくださいね。 디저트도 가지고 왔어요. 나중에 드세요.

Tip!

- '데리고 가다'는 「連(つ)れていく」로 쓰면 돼요. 「~連(づ)れ」는 「~連(つ)れる」의 명사표현입니다.
  예 子(こ)ども連(づ)れ (아이 동반)　　家族(かぞく)連(づ)れ (가족 동반)
- 「~てきます」는 '–고 와요' 또는 '–아/어 와요'로도 쓰여요.
  예 つれてきます。(데려 와요.)　　買(か)ってきます。(사 와요.)
  走(はし)ってきます。(뛰어 와요.)
- 「乗(の)ってくる(타고 오다)」, 「買(か)ってくる(사 오다)」 등도 잘 쓰는 표현이니까 함께 외워 둡시다.

053 握手(あくしゅ)もできてよかったです

악수도 할 수 있어서 좋았어요

콘서트

K-POP에 흠뻑 빠져 있는 **쿠로**. 드디어 좋아하는 J씨 콘서트에 가게 되었어요. 집에 돌아오는 길에서 **시로**를 만났네요.

053

1

Jさんの
コンサートは
どうでしたか。

2

本当に行って
よかったです。
すごくすてきでした。

3

Jさんに会って
よかったですね。

4

はい、握手もできて
すごくよかったです。

5

あの…。
大丈夫ですか。

6

本当によかったです。
よかったです。

-해서 좋았어요 ～てよかったです

行(い)く	→	行(い)っ~~て~~		
会(あ)う	→	会(あ)っ~~て~~	＋	てよかったです
できる	→	でき~~て~~		

❶ Jさんのコンサートはどうでしたか。 J 씨 콘서트는 어땠어요?

❷ 本当(ほんとう)に行(い)ってよかったです。すごくすてきでした。 정말 가길 잘했어요. 너무 멋있었어요.

❸ Jさんに会(あ)ってよかったですね。 J 씨를 만나서 좋았겠어요.

❹ はい、握手(あくしゅ)もできてすごくよかったです。 네, 악수도 할 수 있어서 너무 좋았어요.

❺ あの…。大丈夫(だいじょうぶ)ですか。 저기…. 괜찮아요?

❻ 本当(ほんとう)によかったです。よかったです。 정말 좋았어요. 좋았어요.

Tip!

- 「～てよかった」는 상황에 따라 '～해서 좋았다, ～해서 다행이다' 등으로 해석하면 돼요.
- 강조하고 싶을 때는 「～て＋とても/ほんとうに＋よかった」처럼 부사 표현을 사이에 넣으세요.

  예 ～てとても(아주)よかった / ～て本当(ほんとう)に(정말)よかった

054 こすっちゃだめですよ

비비면 안 돼요

꽃가루 알레르기

꽃가루 알레르기 때문에 눈이 가렵고 따가워서 힘들어하는 **시로**에게 **쿠로**가 알레르기에 대한 조언을 하고 있어요.

054

1

あ、こすっちゃだめ!
花粉症ですか。

2

花粉症かな。
ずっと目が
かゆくて…。

3

花粉症の人は、
マスクなしで
外を歩いちゃ
だめですよ。

4

でも、マスクは
どうもいやで。

5

インスタント食品も
食べちゃだめです。
気をつけてください。

6

春は本当に
いやですね。

-하면 안 돼요 ~ちゃだめです

こする	→	こすって		
歩く(ある)	→	歩いて(ある)	+	ちゃだめです
食べる(た)	→	食べて(た)		

1. あ、こすっちゃだめ！花粉症(かふんしょう)ですか。 — 아, 비비면 안 돼! 꽃가루 알레르기예요?

2. 花粉症(かふんしょう)かな。ずっと目(め)がかゆくて…。 — 꽃가루 알레르기인가? 계속 눈이 가려워서….

3. 花粉症(かふんしょう)の人(ひと)は、マスクなしで外(そと)を歩(ある)いちゃだめですよ。 — 꽃가루 알레르기인 사람은 마스크 없이 밖을 걸어 다니면 안 돼요..

4. でも、マスクはどうもいやで。 — 하지만 마스크는 아무래도 싫어서….

5. インスタント食品(しょくひん)も食(た)べちゃだめです。気(き)をつけてください。 — 인스턴트 식품도 먹으면 안 돼요. 조심하세요.

6. 春(はる)は本当(ほんとう)にいやですね。 — 봄이 정말 싫네요.

Tip!

- 「目(め)をこする」는 '눈을 비비다'라는 뜻이에요.
- 「~ちゃだめ」는 「~てはだめ」의 줄임말로, '-하면 안된다'라는 뜻이에요. 「だめ」는 가타카나 「ダメ」로도 자주 쓰여요.
- 「花粉症(かふんしょう)」는 꽃가루 알레르기인데, 주로 봄철에 많이 나타나고 삼나무(杉(すぎ)の木(き))의 꽃가루가 원인인 경우가 많아요. 그래서 일본에서는 봄철에 사람들이 마스크를 착용하고 다니는 광경을 쉽게 볼 수 있어요. 증상으로는 눈이 따갑고 가렵거나 눈물과 콧물이 나요.

동사
た형으로
말할 수 있는
표현

동사 た형 만들기

Ⅰ그룹 동사 ❶ 기본형이 「**く, ぐ**」로 끝나는 동사

く → いた　예 書(か)**く** → か**いた**

ぐ → いだ　예 急(いそ)**ぐ** → いそ**いだ**

❷ 기본형이 「**む, ぶ**」로 끝나는 동사

む, ぶ → んだ　예 飲(の)**む** → の**んだ**

❸ 기본형이 「**う, つ, る**」로 끝나는 동사

う, つ, る → った　예 待(ま)**つ** → ま**った**

❹ 기본형이 「**す**」로 끝나는 동사

す → した　예 話(はな)**す** → はな**した**

Ⅱ그룹 동사 기본형이 [-**i る**], [-**e る**]로 끝나는 동사　~~る~~ → た

예 見(み)**る** [mi~~ru~~] → み**た** [mita]

食(た)べ**る** [tabe~~ru~~] → たべ**た** [tabeta]

Ⅲ그룹 동사 **来**(く)**る** → **来**(き)**た**

する → **した**

055 終電(しゅうでん)に間(ま)に合(あ)った？

어제 막차 탔어?

할 얘기가 너무 많아

핑크는 **쿠로**와 어젯밤 늦게까지 수다를 떨다가 막차를 놓칠 뻔한 모양이에요.

055

1

きのう、終電に
間に合った?

2

うん。ぎりぎり
間に合ったよ。

3

よかったね。

4

遅れそうだったから、
必死に走ったよ。

5

わたしたち、
しゃべりすぎたね。

6

そうだね。
いつも話して
いるのにね。

-했어 ～た

間(ま)に合(あ)う	→	間(ま)に合(あ)った
走(はし)る	→	走(はし)った
すぎる	→	すぎた

1. きのう、終電(しゅうでん)に間(ま)に合(あ)った? — 어제 막차 탔어?
2. うん。ぎりぎり間(ま)に合(あ)ったよ。 — 응, 겨우 탔어.
3. よかったね。 — 다행이다.
4. 遅(おく)れそうだったから、必死(ひっし)に走(はし)ったよ。 — 늦을 것 같아서 죽을 힘을 다해 달렸어.
5. 私(わたし)たち、しゃべりすぎたね。 — 우리 수다 너무 많이 떨었지?
6. そうだね。いつも話(はな)しているのにね。 — 맞아. 항상 얘기하는데.

Tip!

- 「間(ま)に合(あ)う」는 '시간에 늦지 않게 도착하다'라는 의미로 「終電(しゅうでん)に間に合った」는 '막차 시간에 늦지 않게 도착했다' = '막차를 탔다'는 의미입니다. 그 밖에 '충분하다', '늦지 않았다'라는 의미도 있어요.

  예 予約(よやく)は当日(とうじつ)でも間に合います。(예약은 그날에 해도 충분해요.)
  まだ間に合う。(아직 늦지 않았어.)

- '막차'는 교통수단에 따라 '전철'은 終電(しゅうでん), '버스'는 終(しゅう)バス라고 합니다. '첫차'는 始発(しはつ)라고 합니다.

056 築地(つきじ)に行(い)ったことありますか

쓰키지에 간 적 있어요?

쓰키지 어시장

쓰키지 어시장에 가 본 적이 없는 **시로**가 **쿠로**에게
쓰키지 어시장에 대한 이야기를 듣고 있습니다.

056

1

クロさん、
築地に行ったこと
ありますか。

2

はい。
何回も行きました。

3

ぼく、前から築地に
行ってみたかったんです。

4

築地は楽しいですよ。
せりの見学もできて、
魚もおいしいです。

5

せりを見たこと
ありますか。

6

もちろんです。
1日20食限定の
お寿司を食べた
こともあります。

-한 적이 있어요 ～たこと(が)あります

行(い)く	→	行(い)った		
見(み)る	→	見(み)た	＋	たこと(が)あります
食(た)べる	→	食(た)べた		

❶ クロさん、築地(つきじ)に行(い)ったことありますか。 — 쿠로 씨 쓰키지에 간 적 있어요?

❷ はい。何回(なんかい)も行(い)きました。 — 네. 몇 번이나 갔어요.

❸ 僕(ぼく)、前(まえ)から築地(つきじ)に行(い)ってみたかったんです。 — 저 전부터 쓰키지에 가 보고 싶었어요.

❹ 築地(つきじ)は楽(たの)しいですよ。せりの見学(けんがく)もできて、魚(さかな)もおいしいです。 — 쓰키지는 재미있어요. 경매 견학도 할 수 있고 생선도 맛있어요.

❺ せりを見(み)たことありますか。 — 경매를 본 적이 있어요?

❻ もちろんです。1日20食限定(いちにちにじゅっしょくげんてい)のお寿司(すし)を食(た)べたこともあります。 — 그럼요. 하루 20세트 한정 초밥을 먹은 적도 있어요.

Tip!

- 築地(つきじ) 어시장은 1935년에 東京都(とうきょうと) 中央区(ちゅうおうく)에 생긴 일본 최대의 어시장입니다. 참치 경매나 신선한 회를 맛보기 위해 몰려든 사람들로 새벽부터 북적입니다. 유명한 초밥집은 새벽부터 영업을 시작해서 오후 영업은 하지 않는 집도 있습니다.

057 散歩(さんぽ)をうっかりしたり、おやつを忘(わす)れたりします

산책을 깜빡하거나 간식을 잊어버리거나 해요

건망증

시로가 요즘 건망증이 심해진 주인을 걱정하고 있네요.

057

1

うちの母、最近
物忘れがひどくて
心配です。

2

え?
大丈夫ですか。

3

携帯を冷蔵庫に
入れたり、ガスを
消し忘れたりします。

4

それくらいは、
うちの母もたまに
やっていますよ。

5

ぼくの散歩を
うっかりしたり、
おやつを忘れたり
します。

6

それは
ひどいですね。

-하거나 -하거나 해요 ～たり ～たりします

入(い)れる → 入(い)れた
うっかりする → うっかりした
消(け)し忘(わす)れる → 消(け)し忘(わす)れた
+ たりします

① うちの母(はは)、最近物忘(さいきんものわす)れがひどくて心配(しんぱい)です。 우리 어머니가 요즘 건망증이 심해서 걱정이에요.

② え？大丈夫(だいじょうぶ)ですか。 네? 괜찮아요?

③ 携帯(けいたい)を冷蔵庫(れいぞうこ)に入(い)れたり、ガスを消(け)し忘(わす)れたりします。 휴대폰을 냉장고에 넣거나 가스 불 끄는 걸 잊어버리거나 해요.

④ それくらいは、うちの母(はは)もたまにやっていますよ。 그 정도는 우리 엄마도 가끔 해요.

⑤ 僕(ぼく)の散歩(さんぽ)をうっかりしたり、おやつを忘(わす)れたりします。 내 산책을 깜빡하거나 간식을 잊어버리거나 한다니까요.

⑥ それはひどいですね。 그건 심하네요.

Tip!

- '건망증'은 健忘症(けんぼうしょう)라고도 하는데 회화에서는 物忘(ものわす)れ를 더 많이 써요.
- '치매'는 痴呆症(ちほうしょう) 혹은 認知症(にんちしょう)라고 하는데 痴呆症에는 부정적인 의미가 있기 때문에 요즘에는 대부분 認知症를 씁니다.

058 作(つく)ったほうがいいです

만드는 게 좋아요

물건이 많아요

쿠로는 평소에 충동구매하는 성격 때문에 집에 물건이 많은 모양입니다. 그런 **쿠로**에게 **시로**가 조언을 해 주고 있네요.

058

1

わたし、いつも
衝動買いするので、
ものが増えて
困っています。

2

買い物リストを
作ったほうが
いいですよ。

3

作っても効果が
ありません。

4

ひとつ買ったら、
ひとつ捨てたほうが
いいですよ。

5

え? そんなことできません。
みんなお気に入りです。

6

じゃ、買い物を
やめたほうが
いいですね。

-하는 게 좋아요 ～たほうがいいです

作(つく)る	→	作(つく)った		
捨(す)てる	→	捨(す)てた	＋	たほうがいいです
やめる	→	やめた		

1. 私(わたし)、いつも衝動買(しょうどうが)いするので、ものが増(ふ)えて困(こま)っています。
   저는 항상 충동구매하니까 물건이 많아져서 고민이에요.
2. 買(か)い物(もの)リストを作(つく)ったほうがいいですよ。
   쇼핑리스트를 만드는 게 좋아요.
3. 作(つく)っても効果(こうか)がありません。
   만들어도 효과가 없어요.
4. ひとつ買(か)ったら、ひとつ捨(す)てたほうがいいですよ。
   하나 사면 하나 버리는 게 좋아요.
5. え？そんなことできません。みんなお気(き)に入(い)りです。
   네? 그럴 순 없어요. 다 마음에 들어요.
6. じゃ、買(か)い物(もの)をやめたほうがいいですね。
   그럼, 쇼핑을 안 하는 게 좋겠네요.

Tip!

- 일본에서는 미니멀리즘 열풍이 불어 断捨離(だんしゃり)라는 말이 유행하고 있습니다. 원래 요가에서 유래한 말인데, 〈断(だん): 불필요한 것을 끊고, 捨(しゃ): 집에 있는 쓸데없는 것을 버리고, 離(り): 물욕을 없앤다〉라는 의미로 사용됩니다.
- 「-たら(-면)」에 대해서는 62과(pp.156-157)를 참고하세요.

059 エアコンをつけたまま寝(ね)てしまいました

에어컨을 켠 채로 잠들어 버렸어요

감기

시로가 감기에 걸렸는지 콜록 콜록 하면서 걸어가고 있어요.

059

1

ごほん
ごほん

2

かぜですか。

3

はい、
エアコンをつけたまま
寝てしまいました。

4

大丈夫ですか。

5

寒気がしたので
服を着たまま
寝ました。

6

見て！
マスクをしたまま
寝てるよ。

-한 채(로) ～たまま

つける → つけた
着(き)る → 着(き)た
する → した
＋ たまま

❶ ごほん、ごほん。 — 콜록, 콜록!

❷ かぜですか。 — 감기예요?

❸ はい、エアコンをつけたまま寝(ね)てしまいました。 — 네, 에어컨을 켠 채로 잠들어 버렸어요.

❹ 大丈夫(だいじょうぶ)ですか。 — 괜찮아요?

❺ 寒気(さむけ)がしたので服(ふく)を着(き)たまま寝(ね)ました。 — 오한이 들어서 옷을 입은 채로 잤어요.

❻ 見(み)て！マスクをしたまま寝(ね)てるよ。 — 저거 봐! 마스크 쓴 채로 자고 있어!

Tip!

- 「つける」는 에어컨 외에도 'TV를 켜다'(テレビをつける), '불을 켜다'(電気(でんき)をつける)에도 사용할 수 있어요.
- '마스크를 쓰다'라는 표현은 「マスクをする」라고 해요.

060 夜景(やけい)を見(み)たあとでご飯(はん)を食(た)べましょう

야경을 본 후에 밥 먹어요

다음 주 계획

시로와 쿠로, 그리고 핑크가 다음 주 계획에 대해서 얘기하고 있어요.

060

1

クロさん、来週の
ミュージカル
楽しみですね。

2

ミュージカルが
終わったあとで、
何しましょうか。

3

近くにスカイツリーが
あるから
見に行きますか。

4

展望台で
夜景を見たあとで、
ご飯を食べましょう。

5

DRESSING Room
ショッピングセンターが
早く閉まるから、
ショッピングした後で
食事しましょう。

6

いいね!
いいね!

-한 후에 ~たあとで

終(お)わる	→	終(お)わった		
見(み)る	→	見(み)た	+	たあとで
する	→	した		

1. クロさん、来週(らいしゅう)のミュージカル楽(たの)しみですね。 — 쿠로 씨 다음 주 뮤지컬 기대돼요.

2. ミュージカルが終(お)わったあとで、何(なに)しましょうか。 — 뮤지컬이 끝난 후에 뭐 할까요?

3. 近(ちか)くにスカイツリーがあるから見(み)に行(い)きますか。 — 근처에 스카이트리가 있으니까 보러 갈래요?

4. 展望台(てんぼうだい)で夜景(やけい)を見(み)たあとで、ご飯(はん)を食(た)べましょう。 — 전망대에서 야경을 본 후에 밥 먹어요.

5. ショッピングセンターが早(はや)く閉(し)まるから、ショッピングしたあとで食事(しょくじ)しましょう。 — 쇼핑센터가 일찍 닫으니까 쇼핑한 후에 식사해요.

6. いいね!いいね! — 좋아! 좋아!

Tip!

- 「동사 た형 + あとで(-한 후에)」는 「동사 기본형 + まえに(-기 전에)」와는 반대의미예요. 명사일 경우는 「명사+のあとで」로 써요.
  예 授業(じゅぎょう)のあとで (수업 후에)
- 스카이트리(634m)는 2012년 5월에 오픈한 고층 전파탑으로 도쿄 타워보다 높아요. 전망대와 식당, 쇼핑몰 등이 있어 인기가 있어요.

061 生まれたばかりです

태어난 지 얼마 안 됐어요

옆집 새끼 고양이

시로는 이 동네에서 처음 보는 새끼 고양이를 발견하고 쿠로에게 묻습니다.

061

1
あのねこは初めて
見るんですが、この町に
住んでいますか。

2
あのねこは、
うちの隣のねこちゃんです。
生まれたばかりですよ。

3
あ、そうですか。
知りませんでした。

4
わたしもきのう
聞いたばかりです。

5
あの子、一人ぼっちで、
さびしそうですね。

6
この前引越してきた
ばかりの子犬を、
あの子に紹介しましょうか。

-한 지 얼마 안 됐어요 ~たばかりです

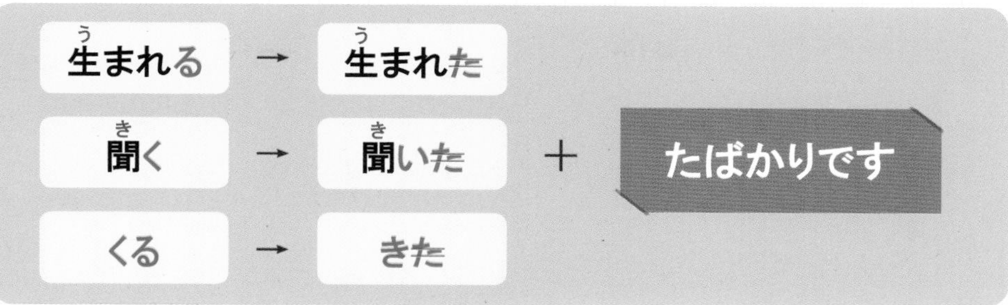
生(う)まれる → 生(う)まれた
聞(き)く → 聞(き)いた
くる → きた
+
たばかりです

❶ あの ねこは初(はじ)めて見(み)るんですが、この町(まち)に住(す)んでいますか。
저 고양이 처음 보는데 우리 동네에 살아요?

❷ あのねこは、うちの隣(となり)のねこちゃんです。生(う)まれたばかりですよ。
저 고양이는 옆집에 사는 고양이예요. 태어난 지 얼마 안 됐어요.

❸ あ、そうですか。知(し)りませんでした。
아, 그래요? 몰랐어요.

❹ 私(わたし)もきのう聞(き)いたばかりです。
저도 어제 들었어요.

❺ あの子(こ)、一人(ひとり)ぼっちで、さびしそうですね。
저 애는 혼자라서 외롭겠네요.

❻ この前引越(まえひっこ)してきたばかりの子犬(こいぬ)を、あの子(こ)に紹介(しょうかい)しましょうか。
요전에 이사 온 지 얼마 안 된 강아지를 저 애한테 소개해 줄까요?

Tip!

- 동물의 새끼는 「子(こ)~」를 써서 표현하는데, 새끼 고양이는 「子ねこ」, 강아지는 「子いぬ」라고 해요. 그런데 병아리는 「ひよこ」라고 합니다.
- 「~たばかり」는 어떤 행동을 하고 시간이 얼마 안 된 상황을 말할 때 써요. 한국어로는 '-한 지 얼마 안 됐어요', '막 -했어요' 등 문맥에 맞춰 번역하세요.
  예 お昼(ひる)を食(た)べたばかりです。(이제 막 점심을 먹었어요.)

062 起(お)きたら電話(でんわ)くれますか

일어나면 전화 줄래요?

운동회 안내

이번 주 토요일에 열리는 운동회의 집합 시간에 대해
쿠로가 시로에게 묻고 있어요.

062

1
土曜日の運動会は、
何時に集合ですか。

2
あさ8時です。

3
早いですね。
朝起きたら
電話くれますか。

4
いいですよ。
でも、雨が降ったら
運動会は
中止ですって。
運動会中止

5
そうなって
ほしいな。わたし、
運動嫌いなん[です

6
雨だったら、
映画でも見に
行きますか。

-하면 ～たら

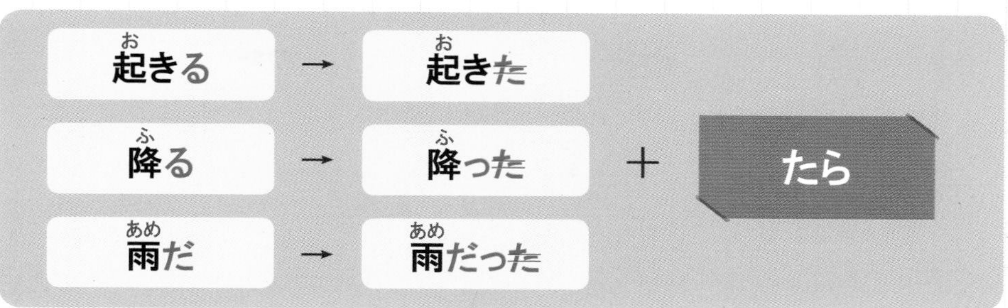
起(お)きる → 起(お)きた
降(ふ)る → 降(ふ)った
雨(あめ)だ → 雨(あめ)だった
＋ たら

1. 土曜日(どようび)の運動会(うんどうかい)は、何時(なんじ)に集合(しゅうごう)ですか。 토요일 운동회는 몇 시에 집합해요?
2. 朝(あさ)8時(はちじ)です。 아침 8시요.
3. 早(はや)いですね。朝(あさ)起(お)きたら電話(でんわ)くれますか。 이르네요. 아침에 일어나면 전화 줄래요?
4. いいですよ。でも、雨(あめ)が降(ふ)ったら運動会(うんどうかい)は中止(ちゅうし)ですって。 좋아요. 근데 비가 오면 운동회는 취소된대요.
5. そうなってほしいな。私(わたし)、運動嫌(うんどうぎら)いなんです。 그랬으면 좋겠다, 저 운동 싫어하거든요.
6. 雨(あめ)だったら、映画(えいが)でも見(み)に行(い)きますか。 비 오면 영화라도 보러 갈래요?

Tip!

- 「中止(ちゅうし)」는 '중지'라는 의미지만 일본어에서는 '취소'라는 의미로도 쓰여요.
- 「~たら」는 동사뿐 아니라 형용사와 명사에도 쓸 수 있어요.
  예 暑(あつ)かったら (더우면)　　雨(あめ)だったら (비가 오면)
- 때를 나타내는 표현
  - 明(あ)け方(がた): 새벽녘, 동틀 때
  - 朝(あさ): 아침 (6시~9시)
  - 昼(ひる): 낮
  - 夕方(ゆうがた): 저녁 (약 6시까지)
  - 夜(よる): 밤
  - 夕(ゆう)べ: 어젯밤

063 散歩(さんぽ)したらどうですか

산책하는 게 어때요?

좋은 운동 있어요?

시로가 요즘 몸이 안 좋은 거 같아요.
쿠로는 피곤해하는 **시로**에게 운동을 권합니다.

063

1

最近肩こりが
ひどいんです。

2

そうですか。
運動してみたら
どうですか。

3

運動は
苦手ですけど…。
何かおすすめ
ありますか。

4

公園を歩いたら
どうですか。
歩くのは簡単でしょう?

5

そうですね。
毎日お父さんと
いっしょに歩いて
いるけど…。

6

あ、そうだったんですね。
では、筋トレに挑戦したら
どうですか。

-는 게 어때요? ~たらどうですか

みる	→	みた		
歩(ある)く	→	歩(ある)いた	+	たらどうですか
挑戦(ちょうせん)する	→	挑戦(ちょうせん)した		

1. 最近(さいきん)肩(かた)こりがひどいんです。 — 요즘 어깨결림이 심해요.
2. そうですか。運動(うんどう)してみたらどうですか。 — 그래요? 운동해 보는 게 어때요?
3. 運動(うんどう)は苦手(にがて)ですけど…。何(なに)かおすすめありますか。 — 운동은 잘 못하는데…. 뭐 괜찮은 거 있어요?
4. 公園(こうえん)を歩(ある)いたらどうですか。歩(ある)くのは簡単(かんたん)でしょう? — 공원을 걷는 게 어때요? 걷는 건 쉽잖아요.
5. そうですね。毎日(まいにち)お父(とう)さんといっしょに歩(ある)いているけど…。 — 그렇네요…. 매일 아버지하고 걷긴 하는데….
6. あ、そうだったんですね。では、筋(きん)トレに挑戦(ちょうせん)したらどうですか。 — 아, 그랬군요. 그럼 근육운동에 도전해 보는 게 어때요?

Tip!

- 「~たらどうですか」는 직역하면 '-면 어때요?'인데, 조언할 때 자주 사용하므로 '-는 게 어때요?'가 자연스러워요.
- 「おすすめ」는 '추천할 만한 거/괜찮은 거'라는 뜻으로 쓰이는데, 「おすすめの+명사」로도 많이 쓰여요.
  예 おすすめの映画(えいが): 괜찮은 영화　　おすすめの料理(りょうり): 괜찮은 음식
  おすすめのお店(みせ): 괜찮은 가게
- 「筋(きん)トレ」는 「筋肉(きんにく)トレーニング(근육 트레이닝)」의 줄임말이에요.

064 いつに決(き)まったっけ

언제로 정해졌더라?

기억이 안 나요

쿠로와 시로는 친구들과 회식에 가기로 한 걸 깜박 잊어 버렸나 봐요.

064

1

食事会いつに
決まったっけ。

2

食事会
あったっけ。
そういえば
そうだった。

3

場所は
どこだっけ。

4

聞かなきゃ。

5

ところで、幹事
だれだったっけ。

6

ピンクさんじゃ
ないですか。

-더라? ～たっけ

決(き)まる	→	決(き)まった		
ある	→	あった	＋	たっけ
だれ	→	だれだった		

❶ 食事会(しょくじかい)いつに決(き)まったっけ。 회식, 언제로 정해졌더라?

❷ 食事会(しょくじかい)あったっけ。そういえばそうだった。 회식 있었나? 그러고 보니 그렇네.

❸ 場所(ばしょ)はどこだっけ。 장소가 어디더라?

❹ 聞(き)かなきゃ。 물어봐야겠다!

❺ ところで、幹事(かんじ)だれだったっけ。 근데 총무가 누구였더라?

❻ ピンクさんじゃないですか。 핑크 씨 아니에요?

Tip!

- 「-たっけ」는 뭔가 기억이 확실치 않을 때 '-더라?', '-았/었나?'하고 확인하거나 혼잣말로 할 때 써요.
- 일본사람들은 단체로 술을 마시러 가거나 회식하러 갈 때 장소나 시간을 정하고 인원수를 파악하여 예약을 담당하는 「幹事(かんじ)(총무)」를 정하는 경우가 많습니다. 술집에서는 총무에게 서비스를 해 주거나 깎아 주는 경우도 있습니다.

065 近く(ちか)まで来(き)たら電話(でんわ)してください

근처까지 오면 전화하세요

길 찾아가기

오늘은 **핑크** 집에서 모두 모여 식사를 하기로 했는데
시로는 **핑크** 집이 처음이라서 전화로 위치를 물어봅니다.

065

1
もしもし、ピンクさん、
お家までどうやって
行きますか。

2
A3
A4
JR 池袋
中央口
池袋駅に
着いたら、A3出口に
出てください。

3
出口を出て、
右にまっすぐ
行ってください。

4
24h
コンビニが
見えたら、そこを左に
まがってください。

5
近くまで来たら、
電話してください。

6
はい、わかりました。
では、のちほど。

-하면 -하세요 ～たら ～てください

着(つ)く → 着(つ)いた				出(で)てください
見(み)える → 見(み)えた		たら	＋	まがってください
来(く)る → 来(き)た				電話(でんわ)してください

1. もしもし、ピンクさん、お家(うち)までどうやって行(い)きますか。 — 여보세요. 핑크 씨, 댁까지 어떻게 가요?
2. 池袋駅(いけぶくろえき)に着(つ)いたら、A 3 出口(エーさんでぐち)に出(で)てください。 — 이케부쿠로 역에 도착하면 A3 출구로 나오세요.
3. 出口(でぐち)を出(で)て、右(みぎ)にまっすぐ行(い)ってください。 — 출구를 나와서 오른쪽으로 쭉 가세요.
4. コンビニが見(み)えたら、そこを左(ひだり)にまがってください。 — 편의점이 보이면 거기를 왼쪽으로 도세요.
5. 近(ちか)くまで来(き)たら、電話(でんわ)してください。 — 근처까지 오면 전화 주시겠어요?
6. はい、わかりました。では、のちほど。 — 네, 알겠어요. 그럼 이따가 봐요.

Tip!

- 「~たら ~てください」는 형용사에도 접속할 수 있어요.
  - 예 あまりにも痛(いた)かったら病院(びょういん)に行(い)ってください。
    (너무 아프면 병원에 가세요.)
- 전철역에서 주로 쓰이는 표현을 알아봅시다.
  - 出口(でぐち): 출구
  - 入口(いりぐち): 입구
  - 改札口(かいさつぐち): 개찰구
  - 東口(ひがしぐち): 동쪽 출구
  - 西口(にしぐち): 서쪽 출구
  - 南口(みなみぐち): 남쪽 출구
  - 北口(きたぐち): 북쪽 출구

동사
ない형으로
말할 수 있는
표현

동사 ない형 만들기

Ⅰ그룹 동사 u → a ない

예 行(い)**く** [ik~~u~~] → い**かない** [ik**anai**]

Ⅱ그룹 동사 i ~~る~~ → i ない / e ~~る~~ → e ない

예 見(み)**る** [mi~~ru~~] → み**ない** [mi**nai**]
食(た)べ**る** [tabe~~ru~~] → たべ**ない** [tabe**nai**]

Ⅲ그룹 동사 **来(く)る → 来(こ)ない**
する → しない

066 うなぎは食(た)べないの

장어는 안 먹어

장어 먹는 날

장어 집에 사람이 북적북적한 걸 보고 **쿠로, 시로, 핑크**가 장어 먹는 날에 대해 얘기하고 있습니다.

066

1

うなぎ屋
あ、うなぎ屋にたくさん人が並んでいますね。

2

きょうは土用の丑の日だよ。わたしたちもうなぎ食べに行かない?

3

ごめん、わたしはうなぎ食べないの。シロさんは?

4

どうしてきょう、うなぎを食べるんですか。

5

うなぎを食べると夏負けしないんですって。

6

なるほど。韓国にもサムゲタンを食べる日がありますよ。

안 -해 ～ない

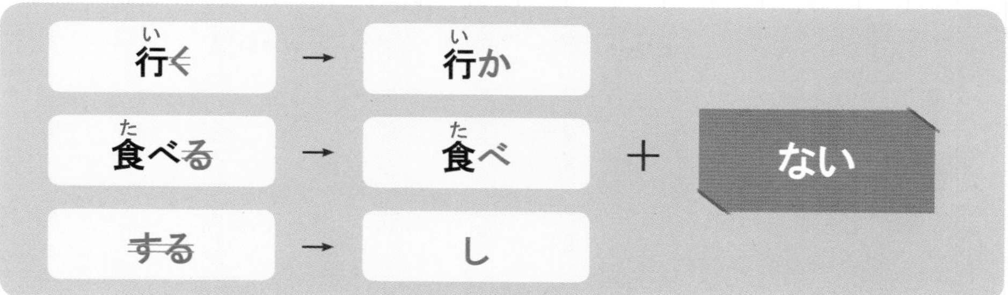

行く → 行か
食べる → 食べ
する → し
＋ ない

1. あ、うなぎ屋にたくさん人が並んでいますね。 어, 장어집에 사람이 많이 줄 서 있네요.
2. きょうは土用の丑の日だよ。私たちもうなぎ食べに行かない？ 오늘은 장어 먹는 날이야. 우리도 장어 먹으러 가지 않을래?
3. ごめん、私はうなぎ食べないの。シロさんは？ 미안. 장어는 안 먹어. 시로 씨는요?
4. どうしてきょう、うなぎを食べるんですか。 왜 오늘 장어를 먹어요?
5. うなぎを食べると夏負けしないんですって。 장어를 먹으면 더위를 안 먹거든요.
6. なるほど。韓国にもサムゲタンを食べる日がありますよ。 그렇구나. 한국에도 삼계탕을 먹는 날이 있어요

Tip!

- 「ない」만 쓰면 '안 -해'라는 반말이 돼요. 「ないです」는 '안 -해요'라는 정중체이고, 「ありません」하고 같은 뜻이에요.
- 「土用(どよう)の丑(うし)の日(ひ)」는 한국의 복날과 비슷한 날입니다. 이날은 원래 봄, 여름, 가을, 겨울 4계절에 걸쳐 있었는데 현재는 여름에만 있습니다. 여름에 장어가 잘 팔리지 않아서 장어를 팔기 위해 이런 날을 만들었다는 설이 있습니다.
- '더위(를) 먹다'는 「夏(なつ)バテする」라고도 해요.

067 持(も)ってこなかったんですか

안 가지고 왔어요?

러브러브 우산

갑자기 비가 내려서 당황하는 **시로**에게 **쿠로**가 우산을 같이 쓰자고 하네요. **시로**의 표정이 행복해 보입니다.

067

1
あ、雨ですね。

2
朝は降って
いなかったのに。

3
天気予報で
午後から雨だと
言っていましたよ。

4
きょうは天気チェック
しなかったんです。

5
ISLAN
COFFEE
傘持って
こなかったんですか。
じゃ、いっしょに
さしましょう。

6
ありがとうございます。
あいあい傘ですね。
LOVE

안 -했어요 ～なかったです

降(ふ)っている	→	降(ふ)ってい~~ない~~	+ なかったです
チェックする	→	チェック~~しない~~	
持(も)ってくる	→	持(も)ってこ~~ない~~	

1. あ、雨(あめ)ですね。 — 아, 비 오네요.
2. 朝(あさ)は降(ふ)っていなかったのに。 — 아침에는 안 왔는데.
3. 天気予報(てんきよほう)で午後(ごご)から雨(あめ)だと言(い)っていましたよ。 — 일기예보에서 오후부터 비 온다고 했어요.
4. きょうは天気(てんき)チェックしなかったんです。 — 오늘은 날씨 확인 안 했어요.
5. 傘(かさ)持(も)ってこなかったんですか。じゃ、いっしょにさしましょう。 — 우산 안 가지고 왔어요? 그럼 같이 써요.
6. ありがとうございます。あいあい傘(がさ)ですね。 — 감사합니다. 러브러브 우산이네요.

Tip!

- 相合傘(あいあいがさ): 둘이서 우산 하나를 쓰는 걸 가리키는 말입니다. 남녀가 우산을 함께 쓸 때 사용되는 경우가 많아요.
- '우산을 쓰다'는 「傘(かさ)をさす」라고 해요.

068 写真(しゃしん)は撮(と)らないでください

사진은 찍지 마세요

미술관에서

쿠로와 시로가 유명한 화가의 전시를 보러 미술관에 갔습니다.
그런데 사람이 너무 많아서 그림을 천천히 볼 수가 없네요.

068

1
すみません。
立ち止まらないでください。
前に進んでください。

2
すごく混んでいますね。

3
館内では撮影禁止です。写真は撮らないでください。

4
写真撮りたかったけど、ダメか。

5
作品に手を触れないでください。

6
はーい。

-하지 마세요 ～ないでください

立(た)ち止(ど)まる	→	立(た)ち止(ど)まらない		
撮(と)る	→	撮(と)らない	＋	ないでください
ふれる	→	ふれない		

❶ すみません。立(た)ち止(ど)まらないでください。前(まえ)に進(すす)んでください。
죄송합니다. 서 있지 마세요. 앞으로 계속 가 주세요.

❷ すごく混(こ)んでいますね。
사람이 되게 많네요.

❸ 館内(かんない)では撮影禁止(さつえいきんし)です。写真(しゃしん)は撮(と)らないでください。
미술관 내에서는 촬영 금지입니다. 사진은 찍지 마세요.

❹ 写真(しゃしん)撮(と)りたかったけど、ダメか。
사진 찍고 싶었는데, 안되는구나.

❺ 作品(さくひん)に手(て)をふれないでください。
작품에 손대지 마세요.

❻ はーい。
네….

Tip!

- 문화시설에 관한 말
  - 美術館(びじゅつかん): 미술관
  - 博物館(はくぶつかん): 박물관
  - 映画館(えいがかん): 영화관
  - 図書館(としょかん): 도서관
  - 歌舞伎座(かぶきざ): 가부키 극장
  - 宝塚劇場(たからづかげきじょう): 다카라즈카 극장
- 미술관에 유명한 작품이 전시될 경우 사람이 많아서 걸어가면서 작품을 감상해야 할 때도 있어요. 그럴 때 미술관 직원이 「前(まえ)に進(すす)んください」라는 말을 하는 경우가 있습니다.

069 たばこを吸(す)わないでほしいです

담배를 안 피웠으면 좋겠어요

패밀리레스토랑에서의 매너

쿠로는 패밀리레스토랑에서 담배 피우던 사람들 때문에 목이 아픈가 봐요. 그런 장소에선 어떤 매너가 필요할까요?

069

1
クロさん、
さっきからずっと咳をしていますね。

2
ファミレスで
周りの人がたばこを吸っていたので。

3
ファミレスは
子どもも行くので、
たばこは吸わないでほしいですね。

4
そうですね。
それに、お酒に酔ってうるさかったんです。

5
ファミレスでは
さわがないで
ほしいですね。

6
酔っ払うまで
飲まないで
ほしいですよね。

안 -했으면 좋겠다 ～ないでほしい

吸(す)う	→	吸(す)わない		
さわぐ	→	さわがない	＋	ないでほしい
飲(の)む	→	飲(の)まない		

① クロさん、さっきからずっと咳(せき)をしていますね。 — 쿠로 씨, 아까부터 계속 기침을 하네요.

② ファミレスで周(まわ)りの人(ひと)がたばこを吸(す)っていたので。 — 패밀리레스토랑에서 주위 사람들이 담배를 피워서요.

③ ファミレスは子(こ)どもも行(い)くので、たばこは吸(す)わないでほしいですね。 — 패밀리레스토랑은 아이도 가니까 담배는 안 피웠으면 좋겠어요.

④ そうですね。それに、お酒(さけ)に酔(よ)ってうるさかったんです。 — 그래요. 게다가 술에 취해서 시끄러웠어요.

⑤ ファミレスではさわがないでほしいですね。 — 패밀리 레스토랑에서는 안 떠들었으면 좋겠어요.

⑥ 酔(よ)っ払(ぱら)うまで飲(の)まないでほしいですよね。 — 술 취할 때까지 안 마셨으면 좋겠어요.

Tip!

- 「~ないでほしい」는 '-지 않았으면 좋겠다/-지 않기를 바라다'의 뜻으로 쓰여요.
  예 事故(じこ)が起(お)きないでほしいです。(사고가 나지 않기를 바랍니다.)
- 「ファミレス」는 「ファミリーレストラン」의 약자로 회화에서는 줄여서 많이 써요.

070 予約(よやく)しなくてもいいです

예약 안 해도 돼요

스노보드 타러 가요

시로가 스노보드를 타러 가는데
쿠로가 이것저것 조언을 하고 있네요.

070

1

あ、新幹線
予約しなくちゃ!

2

どこか
行きますか。

3

長野にスノボに
行くけど、まだ何も
準備していないんです。

4

平日なので、新幹線は
予約しなくても
いいと思います。

5

RENTAL
ウェアも
買わなくていいですよ。
向こうで借りれば
いいので。

6

本当に何も
持っていかなくて
いいんですか。

안 ~해도 돼 ~なくてもいい

予約(よやく)する	→	予約(よやく)しない	+ なくてもいい
買(か)う	→	買(か)わない	
持(も)っていく	→	持(も)っていかない	

1. あ、新幹線(しんかんせん)予約(よやく)しなくちゃ。 — 아, 신칸센 예약해야 되는데….
2. どこか行(い)きますか。 — 어디 가요?
3. 長野(ながの)にスノボに行(い)くけど、まだ何(なに)も準備(じゅんび)していないんです。 — 나가노에 스노보드 타러 가는데 아직 아무것도 준비 안 했어요.
4. 平日(へいじつ)なので、新幹線(しんかんせん)は予約(よやく)しなくてもいいと思(おも)います。 — 평일이니까 신칸센은 예약 안 해도 될 거예요.
5. ウェアも買(か)わなくていいですよ。向(む)こうで借(か)りればいいので。 — 스노보드 웨어도 안 사도 돼요. 거기(현지)에서 빌리면 되니까.
6. 本当(ほんとう)に何(なに)も持(も)っていかなくていいんですか。 — 정말 아무것도 안 가져가도 돼요?

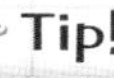

Tip!

- 「~なくてもいい」에 「と思(おも)います」를 붙여서 완곡하게 개인적인 의견을 표현할 때 써요.
- 「まだ~ていません」은 '아직 ~안 했어요'라는 말로 자주 쓰는 표현이에요.
- 「向(む)こう」는 '맞은편'이라는 뜻인데 '목적지'나 '외국' 등을 가리키기도 해요.
  예 (일본에 사는 한국인에게) 向こうはどうですか。(한국은 어때요?)
- 일본의 스키장 근처에는 온천이 같이 있는 곳이 많아서 스키와 온천을 함께 즐길 수 있어요.

071 銀行(ぎんこう)に行(い)かなければなりません

은행에 가야 돼요

바쁘다 바빠!

쿠로는 오늘 해야 할 일이 너무 많아서 정신이 없어요.
시로는 같이 놀고 싶어하는 눈치인데….

071

1

クロさん、朝から
お出かけですか。

2

はい、きょうは
朝から忙しいんです。

3

銀行に
行かなければ
ならないし。
BANK

4

買い物も
しなければ
ならないし。

5

用事が終わったら、
ぼくと遊びませんか。

6

ごめんなさい。
早く家に帰らなければ
なりません。

-해야 돼 ～なければならない

行(い)く	→	行(い)か~~ない~~		
する	→	し~~ない~~	+	なければならない
帰(かえ)る	→	帰(かえ)ら~~ない~~		

❶ クロさん、朝(あさ)からお出(で)かけですか。
쿠로 씨, 아침부터 어디 가요?

❷ はい、きょうは朝(あさ)から忙(いそが)しいんです。
네, 오늘은 아침부터 바빠요.

❸ 銀行(ぎんこう)に行(い)かなければならないし。
은행에도 가야 하고.

❹ 買(か)い物(もの)もしなければならないし。
장보기도 해야 하고.

❺ 用事(ようじ)が終(お)わったら、僕(ぼく)と遊(あそ)びませんか。
볼 일 다 보면 저하고 놀까요?

❻ ごめんなさい。早(はや)く家(うち)に帰(かえ)らなければなりません。
미안해요. 집에 일찍 들어가야 돼요.

Tip!

- 「お+동사 ます형」으로 명사화되는 표현이 있어요.
  - 예 出(で)かける: 외출하다 → お出かけます → お出かけ: 외출
  - 願(ねが)う: 원하다 → お願います → お願い: 부탁
- 「用事(ようじ)」는 '볼일, 용무'라는 뜻이에요.

072 食べないで寝ました

안 먹고 잤어요

등산 다음날

어제 등산에 갔다 온 **시로**와 **쿠로**는 많이 피곤했던 모양이에요.

072

1

夕べはゆっくり休みましたか。

2

疲れすぎて晩ご飯も食べないで寝ました。

3

わたしも化粧も落とさないで寝ちゃいました。

4

きのうのハイキングは本当にきつかったです。

5

忘れた!
日焼け止めもぬらないで登ったので、顔が日にやけてしまいました。

6

全然やけてないですよ。

안 -하고 ～ないで

食(た)べる	→	食(た)べ~~ない~~		
落(お)とす	→	落(お)と~~さない~~	＋	ないで
ぬる	→	ぬ~~らない~~		

1. 夕(ゆう)べはゆっくり休(やす)みましたか。 — 어제 저녁에는 푹 쉬었어요?
2. 疲(つか)れすぎて晩(ばん)ごはんも**食(た)べないで**寝(ね)ました。 — 너무 피곤해서 저녁도 안 먹고 잤어요.
3. 私(わたし)も化粧(けしょう)も**落(お)とさないで**寝(ね)ちゃいました。 — 저도 화장도 안 지우지 자버렸어요.
4. きのうのハイキングは本当(ほんとう)にきつかったです。 — 어제 등산은 정말 힘들었어요.
5. 日焼(ひや)け止(ど)めも**ぬらないで**登(のぼ)ったので、顔(かお)が日(ひ)にやけてしまいました。 — 자외선 차단제도 안 바르고 가서 얼굴이 햇볕에 탔어요.
6. 全然(ぜんぜん)やけてないですよ。 — 전혀 안 탔어요.

Tip!

- '화장을 지우다'는 「化粧(けしょう)を落(お)とす」라고 하고, 「メイク落(お)とし」는 화장을 지우는 '클렌징'을 의미합니다.
- 「日焼(ひや)け止(ど)め」는 '자외선 차단제; 썬크림'이란 뜻이에요.

073 決勝戦(けっしょうせん)は絶対(ぜったい)見(み)なきゃ

결승전은 꼭 봐야지

축구 결승전

오늘은 드디어 한국와 일본의 축구 결승전.
시로와 쿠로는 너무 보고 싶어하네요.

073

1

きょう、サッカーの
決勝戦ですって。

2

本当ですか。
ぜったい見なきゃ!
シロさんも
見るでしょう?

3

もちろん
見ますよ!!

4

みんながんばって
ほしいですね。
応援しなきゃ。

5

そろそろ始まると
思いますよ。

6

早くお家に
帰らなきゃ。
じゃ、またあした。

-해야지 ～なきゃ

見る	→	見~~ない~~		
応援する	→	応援し~~ない~~	＋	なきゃ
帰る	→	帰ら~~ない~~		

1. きょう、サッカーの決勝戦ですって。 — 오늘 축구 결승전이래요.
2. 本当ですか。ぜったい見なきゃ。シロさんも見るでしょう? — 정말요? 꼭 봐야지. 시로 씨도 볼 거죠?
3. もちろん見ますよ。 — 당연히 보죠.
4. みんながんばってほしいですね。応援しなきゃ。 — 모두 잘 뛰었으면 좋겠어요. 응원해야지.
5. そろそろ始まると思いますよ。 — 곧 시작할 것 같아요.
6. 早くお家に帰らなきゃ。じゃ、またあした。 — 빨리 집에 가야겠다. 그럼 내일 봐요.

Tip!

- 「~なきゃ」는 주로 회화에서 쓰이는 표현이에요. 「-なくちゃ」로도 쓸 수 있어요. 문어체에서는 「~なくてはならない(-하지 않으면 안 된다/해야 한다)」로 표현해요.
- サッカー(축구) 용어
  - ひきわけ: 무승부
  - 勝(か)つ: 이기다
  - 負(ま)ける: 지다
  - 準決勝(じゅんけっしょう): 준결승
  - ワールドカップ: 월드컵
  - オウンゴール(own goal): 자살골
  - PK(penalty kick) 戦(せん): 승부차기

日本の職人展
SANKYO
DC
DC VISA
DC MasterCard
三菱東京UFJ銀行
カラオケ
JOYSOUND
MARK CITY

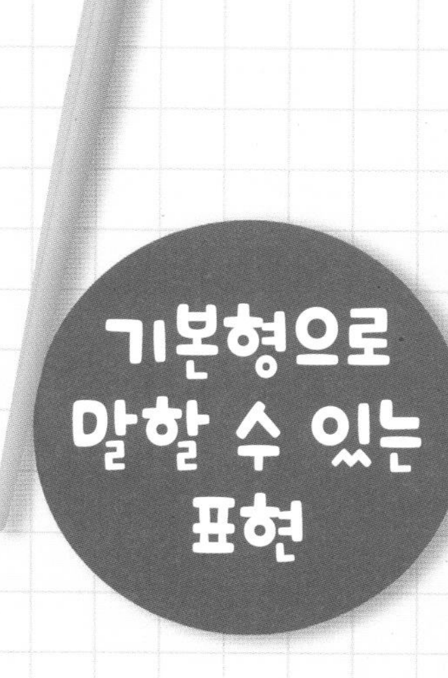
기본형으로
말할 수 있는
표현

もしもし、
ピンクちゃん?
今、電話大丈夫?

うん、大丈夫。

074 あした、予定(よてい)ある？

내일 약속 있어?

친구와 전화

쿠로는 **핑크**에게 전화를 걸어 내일 점심을 같이 하자고 하네요.

074

1
もしもし、
ピンクちゃん？
今、電話大丈夫？

2
うん、大丈夫。

3
あのね、
よかったら、あした
ランチでもしない？

4
ごめん、あしたは
予定があるの。

5
残念。
じゃ、また今度に
しようね。

6
そうしよう。
誘ってくれて
ありがとう。
じゃあね。

반말

-해 동사/형용사/명사의 기본형

大丈夫(だいじょうぶ)だ	→	大丈夫(だいじょうぶ)(だ)
しない		しない
ある		ある

1 もしもし、ピンクちゃん? 今(いま)、電話(でんわ)大丈夫(だいじょうぶ)? — 여보세요. 핑크니? 지금 전화 괜찮아?

2 うん、大丈夫(だいじょうぶ)。 — 응 괜찮아.

3 あのね、よかったら、あしたランチでもしない? — 저기 괜찮으면 내일 점심이라도 (같이) 안 할래?

4 ごめん、あしたは予定(よてい)があるの。 — 미안, 내일은 약속이 있어.

5 残念(ざんねん)。じゃ、また今度(こんど)にしようね。 — 아이고 그렇구나. 그럼 다음에 같이 하자.

6 そうしよう。誘(さそ)ってくれてありがとう。じゃあね。 — 그러자. 불러 줘서 고마워. 그럼 안녕.

Tip!

- 반말은 기본형으로 표현하는데 'な형용사'의 경우 회화체에서는 주로 「~だ」형태가 아니라 어미의 「だ」가 생략되거나 다른 종조사(예 よ)를 붙여서 말해요.
  예 きれい(예쁘다), きれいだよ(예뻐)
- 일정이나 약속에 대해 말할 때 「予定(よてい)(예정)」이라는 단어를 자주 써요.
- 일본에서는 전화를 걸면 상대방이 전화할 수 있는 상황인지 「今(いま)電話(でんわ)大丈夫(だいじょうぶ)ですか」라고 물어보는 게 에티켓입니다. 전화를 끊을 때는 친구들끼리는 「じゃあね~」를 쓰지만 정중한 표현으로는 「失礼(しつれい)します」라고 해요.

075 散歩(さんぽ)する時間(じかん)

산책하는 시간

오랜만의 산책

요즘 **시로 아버지**가 일이 바빠서 함께 산책할 시간이 없는 모양입니다. 오래간만에 산책 나온 **시로**는 **쿠로**와 만나서 이야기합니다.

075

1
シロさん、お散歩
久しぶりじゃないですか。

2
最近、お父さんの
帰りが遅くなる
ことが多くて。

3
お父さん、
お忙しいんですね。

4
はい、
ぼくと遊ぶ暇なんか
なかなかないですよ。

5
だったら、
お母さんと散歩すれば
いいじゃないですか。

6
お母さんは
散歩する時間を
よく忘れるので…。

-하는 + 명사 동사 기본형 + 명사

なる 遊(あそ)ぶ 散歩(さんぽ)する	+	こと 暇(ひま) 時間(じかん)

1. シロさん、お散歩(さんぽ)久(ひさ)しぶりじゃないですか。 시로 씨, 산책 오래간만 아니에요?
2. 最近(さいきん)、お父(とう)さんの帰(かえ)りが遅(おそ)く**なること**が多(おお)くて。 요즘 아버지가 늦게 들어오시는 일이 많아서요.
3. お父(とう)さん、お忙(いそが)しいんですね。 아버지 바쁘시군요.
4. はい、僕(ぼく)と**遊(あそ)ぶ暇(ひま)**なんかなかなかないですよ。 네, 저하고 놀 틈 같은 거 거의 없어요.
5. だったら、お母(かあ)さんと散歩(さんぽ)すればいいじゃないですか。 그럼, 어머니하고 산책하면 되잖아요?
6. お母(かあ)さんは**散歩(さんぽ)する時間(じかん)**をよく忘(わす)れるので…。 어머니는 산책하는 시간을 잘 잊어버려서….

Tip!

- 「帰(かえ)りが遅(おそ)くなる」는 직역하면 '귀가가 늦어진다'는 뜻이지만 '늦게 들어온다'는 의미로 쓰여요.
- '산책하다'의 직역인 「散策(さんさく)する」는 문학적인 표현으로 사용되고 일상생활에서는 「散歩(さんぽ)する」를 주로 써요.

076 読(よ)まない本(ほん)

안 읽는 책

벼룩시장

오래간만에 옷장을 정리한 **쿠로**. 근데 안 입는 옷이 많아서 고민인가 보네요.

076

1
久しぶりに
クローゼットを片づけたら、
着ない服が多くて
困っているの。

2
捨てるには
もったいないしね。

3
わたしも
それで、この間
フリーマーケットに
出したの。

4
それいいね!

5
でしょう?
見ないDVDとか
読まない本も
売っちゃった。
DVD
BOOK

6
本当?
わたしも出して
みようっと。

안 - 하는 + 명사　～ない + 명사

着(き)る	→	着(き)ない	+	服(ふく)
見(み)る	→	見(み)ない		DVD
読(よ)む	→	読(よ)まない		本(ほん)

❶ 久(ひさ)しぶりにクローゼットを片(かた)づけたら、着(き)ない服(ふく)が多(おお)くて困(こま)っているの。
오래간만에 옷장을 정리했더니 안 입는 옷이 많아서 고민이야.

❷ 捨(す)てるにはもったいないしね。
버리기에는 아깝고 말이야.

❸ 私(わたし)もそれで、この間(あいだ)フリーマーケットに出(だ)したの。
나도 그래서 요전에 벼룩시장에 내놓았잖아.

❹ それいいね。
그거 괜찮네.

❺ でしょう? 見(み)ないDVDとか読(よ)まない本(ほん)も売(う)っちゃった。
그치? 안 보는 DVD하고 안 읽는 책도 팔아 버렸어.

❻ 本当(ほんとう)? 私(わたし)も出(だ)してみようっと。
정말? 나도 내놔 봐야지.

Tip!

- 일본의 벼룩시장을 「フリー・マーケット(flea market)」 또는 간단하게 「フリマ」라고 해요. 관광 코스로도 좋답니다.
- 古着(ふるぎ): 헌 옷　　古本(ふるほん): 헌 책　　古新聞(ふるしんぶん): 다 읽은 신문
- 「すてるには」의 「~には」는 '-기에는'이란 뜻이에요.
  예 食(た)べるにはもったいない。(먹기에는 아깝다.)

077 イベントがあるというニュース

이벤트가 있다는 뉴스

눈축제

쿠로와 **시로**는 삿포로 눈축제에 대해서 얘기하고 있어요.

077

1

シロさん、
札幌の「雪まつり」
知っていますか。

2

はい、有名ですよね。
雪でいろんなものを
作るという話を
聞きました。

3

今年は
特別イベントが
あるというニュースを
見ましたよ。

4

行ってみたい
ですね。

5

人出が多くて、
ホテルの予約が
とりにくいというううわさを
聞きましたけど。

6

そうでしょうね。

-다는 + 명사 ～という + 명사

作(つく)る	→	作(つく)るという		話(はなし)
ある	→	あるという	+	ニュース
とりにくい	→	とりにくいという		うわさ

❶ シロさん、札幌(さっぽろ)の「雪(ゆき)まつり」知(し)っていますか。
시로 씨, 삿포로의 '눈축제' 알아요?

❷ はい、有名(ゆうめい)ですよね。雪(ゆき)でいろんなものを作(つく)るという話(はなし)を聞(き)きました。
네, 유명하죠? 눈으로 이것저것 만든다는 이야기를 들었어요.

❸ 今年(ことし)は特別(とくべつ)イベントがあるというニュースを見(み)ましたよ。
올해는 더욱 특별한 이벤트가 있다는 뉴스를 봤어요.

❹ 行(い)ってみたいですね。
가 보고 싶네요.

❺ 人出(ひとで)が多(おお)くて、ホテルの予約(よやく)がとりにくいといううわさを聞(き)きましたけど。
사람이 많아서 호텔 예약을 하기 힘들다는 소문을 들었는데요.

❻ そうでしょうね。
그렇겠네요.

Tip!

- 北海道(ほっかいどう) 札幌(さっぽろ)의 「雪(ゆき)まつり(눈축제)」는 1950년대부터 시작된 유서 깊은 축제로 매년 2월에 열립니다. 눈이나 얼음조각으로 만든 멋진 작품 등도 전시하는 유명한 축제입니다. 공식 사이트(http://www.snowfes.com)도 있으니까 참고하세요.

078 いっしょに行(い)った お店(みせ)

같이 갔던 가게

지난번에 갔던 식당

쿠로는 예전에 친구들과 같이 갔던 식당에 대해서 **시로**에게 물어보고 있어요. 또 가고 싶은 모양이에요.

078

1
シロさん、この前みんなで行ったお店、名前なんでしたっけ。

2
どこですか。

3
ピンクと焼き鳥を食べた居酒屋。

4
あ、個室を予約したところですね。

5
そうです。またピンクと行きたくて…。

6
ぼくが予約しておきますよ。
やった!!

-한/했던 + 명사 ～た + 명사

行く	→	行った		お店
食べる	→	食べた	＋	居酒屋
予約する	→	予約した		ところ

❶ シロさん、この前みんなで行ったお店、名前なんでしたっけ。
시로 씨, 요전에 다 같이 갔던 가게 이름이 뭐였죠?

❷ どこですか。
어디요?

❸ ピンクと焼き鳥を食べた居酒屋。
핑크하고 닭꼬치 먹었던 술집.

❹ あ、個室を予約したところですね。
아, 방을 예약한 곳이요?

❺ そうです。またピンクと行きたくて…。
맞아요. 핑크하고 또 가고 싶어서….

❻ 僕が予約しておきますよ。(やった!)
제가 예약해 둘게요. (앗싸!)

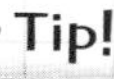

Tip!

- 술집이나 레스토랑 등에서 따로 개별실을 예약할 때는 「個室(こしつ)」라는 말을 써요.
- 술을 마시는 술집은 「居酒屋(いざかや)」, 술을 판매하는 가게는 「酒屋(さかや)」라고 해요. 백화점내의 술을 판매하는 매장은 「お酒売(さけう)り場(ば)」라고 합니다.
  술의 종류에는 '맥주(ビール)'나 한국에서 '사케'로 알려진 「日本酒(にほんしゅ)」 등이 있는데, 日本酒는 따뜻하게 데운 「熱(あつ)かん」과 차갑게 마시는 「冷酒(れいしゅ)」가 있습니다. 그 밖에 '소주(焼酎(しょうちゅう))', '사와(サワー: 탄산+소주+과일즙이나 시럽)', '하이볼(ハイボール: 위스키+탄산)' 등도 있어요.

079 甘いもの好きですか

あま / す

단 거 좋아해요?

케이크 뷔페

쿠로가 **시로**에게 케이크 뷔페에 관심이 있냐고 묻고 있습니다. 혹시 데이트 하자는 걸까요?

079

1

シロさん、甘いもの好きですか。

2

はい。好きですよ。

3

ケーキバイキングに興味ありますか。

4

ケーキバイキングって何ですか。

5

おいしいケーキがいっぱいあります。ケーキ食べ放題です。

6

ケーキと温かい紅茶…。いいですね。楽しみです。

-(으)ㄴ + 명사　い형용사 기본형 + 명사

甘(あま)い おいしい 温(あたた)かい	＋	もの ケーキ 紅茶(こうちゃ)

❶ シロさん、甘(あま)いもの好(す)きですか。　시로 씨 단 거 좋아해요?

❷ はい。好(す)きですよ。　네. 좋아해요.

❸ ケーキバイキングに興味(きょうみ)ありますか。　케이크 바이킹에 관심이 있어요?

❹ ケーキバイキングって何(なん)ですか。　케이크 바이킹이 뭐예요?

❺ おいしいケーキがいっぱいあります。ケーキ食(た)べ放題(ほうだい)です。　맛있는 케이크가 많이 있어요. 케이크 뷔페예요.

❻ ケーキと温(あたた)かい紅茶(こうちゃ)…。いいですね。楽(たの)しみです。　케이크하고 따뜻한 홍차. 좋네요. 기대돼요.

Tip!

- 「甘(あま)いもの」는 주로 케이크나 초콜릿, 마카롱 같은 달콤한 디저트로 일본에서는 「スイーツ」라는 말로도 많이 씁니다.
- 「興味(きょうみ)がある」는 직역하면 '흥미가 있다'는 뜻인데 '관심이 있다'는 뜻으로 많이 쓰여요.
- 「~って何(なん)ですか」는 「~とは何ですか」의 회화 표현으로, '~이/가 뭐예요?'라는 뜻이에요.

080 いちばんよかったのはどこですか

제일 좋았던 곳은 어디예요?

유럽 여행의 추억

여행 잡지를 보며 유럽에 가고 싶어하는 **쿠로**에게 **시로**가 작년에 갔던 유럽 여행의 추억을 얘기하고 있어요.

080

1

行きたいな、
ヨーロッパ。

2

去年、イタリアと
フランスに
行ってきました。

3

いいな。いちばん
よかったのは
どこですか。

4

パリのルーブル
美術館です。

5

でも待ち時間が
長かったのが、
残念でした。

6

いちばん
つらかったのは
食事です。ご飯が
食べたかった!

-았/었던 + 명사　い형용사 かった + 명사

よい	→	よかった		
長(なが)い	→	長(なが)かった	＋	の
つらい	→	つらかった		

❶ 行(い)きたいな、ヨーロッパ。 — 가고 싶다, 유럽.

❷ 去年(きょねん)、イタリアとフランスに行(い)ってきました。 — 작년에 이탈리아하고 프랑스에 갔다 왔어요.

❸ いいな。いちばんよかったのはどこですか。 — 좋았겠다. 제일 좋았던 곳은 어디예요?

❹ パリのルーブル美術館(びじゅつかん)です。 — 파리의 루브르 미술관이에요.

❺ でも待(ま)ち時間(じかん)が長(なが)かったのが残念(ざんねん)でした。 — 하지만 기다리는 시간이 길었던 게 유감이었어요.

❻ いちばんつらかったのは食事(しょくじ)です。ご飯(はん)が食(た)べたかった！ — 가장 힘들었던 건 식사예요. 밥이 먹고 싶었어!

Tip!

- 여행과 관련된 말
  - 日帰(ひがえ)り旅行(りょこう): 당일치기 여행
  - ツアー(tour): 패키지 여행
  - 個人旅行(こじんりょこう): 자유 여행
  - 弾丸(だんがん)ツアー: 도깨비 여행(밤 비행기로 이동해서 되도록 현지에서 숙박하는 일수를 줄이고 단시간에 효율적으로 하는 여행)

081 いやなことがあったのね

짜증 나는 일이 있었구나

스트레스

요즘 **핑크**가 힘이 없어 보여서 **쿠로**가 걱정을 하고 있네요.
핑크는 아르바이트 때문에 스트레스가 많은 모양입니다.

081

1
ピンクちゃん、元気ないね。何かあった?

2
最近、バイト先でいろいろあって。

3
いやなことがあったのね。

4
うん。それでちょっとストレスたまったみたい。

5
ピンクちゃんが大好きなチーズケーキでも食べに行こうか。

6
あー、考えるだけで幸せな気分!

-하는 + 명사　な형용사 + 명사

いやだ	→	いやな	+	こと / チーズケーキ / 気分(きぶん)
大好(だいす)きだ	→	大好(だいす)きな		
幸(しあわ)せだ	→	幸(しあわ)せな		

① ピンクちゃん、元気(げんき)ないね。何(なに)かあった？　핑크야, 왜 이렇게 힘이 없어? 무슨 일 있었어?

② 最近(さいきん)、バイト先(さき)でいろいろあって。　요즘 아르바이트하는 데서 이런저런 일이 있어서.

③ いやなことがあったのね。　짜증 나는 일이 있었구나.

④ うん。それでちょっとストレスたまったみたい。　응. 그래서 좀 스트레스가 쌓였나 봐.

⑤ ピンクちゃんが大好(だいす)きなチーズケーキでも食(た)べに行(い)こうか。　네가 진짜 좋아하는 치즈케이크라도 먹으러 갈까?

⑥ あー、考(かんが)えるだけで幸(しあわ)せな気分(きぶん)！　아~ 생각만 해도 행복한 기분!

Tip!

- 스트레스 관련 단어
  - イライラする: 짜증나다
  - ストレスが溜(た)まる: 스트레스가 쌓이다
  - 癒(いや)される: 힐링되다
  - リフレッシュする: 기분전환하다
  - ストレスを解消(かいしょう)する: 스트레스를 풀다
- 「~たみたい」는 '-았/었나 보다'라는 뜻이에요.
  예 なにかあったみたい。(뭔가 있었나 보다.)

082 好きだったボール遊び

좋아했던 공놀이

달라진 시로

시로의 엄마와 아빠가 요즘 이상해진 시로의 행동에 대해 이야기를 나누며 시로를 걱정하고 있습니다.

081

1
最近シロが変なの。

2
どうしたの。

3
前は好きだったボール遊びに興味を示さなくなったの。

4
そういえば、前は嫌いだった野菜もよく食べるし。

5
やっぱり変でしょう。静かだった子がよく吠えるし。

6
何があったのかな。年取ったのかな?

-했던 + 명사　な형용사 だった + 명사

好(す)きだ	→	好(す)きだった	＋	ボール遊(あそ)び
嫌(きら)いだ	→	嫌(きら)いだった		野菜(やさい)
静(しず)かだ	→	静(しず)かだった		子(こ)

1. 最近(さいきん)シロが変(へん)なの。　요즘 시로가 이상해.

2. どうしたの。　왜 그래?

3. 前(まえ)は好(す)きだったボール遊(あそ)びに興味(きょうみ)を示(しめ)さなくなったの。　전에는 좋아했던 공놀이에 관심이 없어졌어.

4. そういえば、前(まえ)は嫌(きら)いだった野菜(やさい)もよく食(た)べるし。　그러고 보니 전에는 싫어했던 채소도 잘 먹고.

5. やっぱり変(へん)でしょう。静(しず)かだった子(こ)がよく吠(ほ)えるし。　역시 이상하죠? 조용했던 애가 자주 짖어대고.

6. 何(なに)があったのかな。年取(としと)ったのかな?　무슨 일이 있었나? 나이 먹었나?

Tip!

- 채소에 관한 말
  - ほうれんそう: 시금치
  - きゅうり: 오이
  - にんじん: 당근
  - 玉(たま)ねぎ: 양파
  - じゃが芋(いも): 감자
  - 白菜(はくさい): 배추
  - かぼちゃ: 단호박
  - ズッキーニ: 애호박
  - ねぎ: 파

083 すごいと思(おも)います

대단하다고 생각해요

사회를 보는 핑크

핑크가 아르바이트하는 회사 창립기념식에서 핑크가 사회를 맡게 됐어요. 시로와 쿠로는 핑크에게 초대를 받아서 참석하게 되었어요.

083

1
皆さま、
ご着席ください。
記念式典を始めたいと
思います。

2
ピンクちゃん、
何か、かっこよく
ないですか。

3
はい、
アルバイトなのに
すごいと思います。

4
彼女が
司会をやるとは
思いませんでした。

5
緊張もして
いないですね。

6
さすが、
ピンクちゃん!

-라고 생각해요 ～と思(おも)います

始(はじ)めたい		
すごい	＋	と思(おも)います
やる		

❶ 皆(みな)さま、ご着席(ちゃくせき)ください。記念式典(きねんしきてん)を始(はじ)めたいと思(おも)います。
여러분, 자리에 앉아 주십시오. 기념식을 시작하겠습니다.

❷ ピンクちゃん、何(なん)か、かっこよくないですか。
핑크 왠지 멋있지 않아요?

❸ はい、アルバイトなのにすごいと思(おも)います。
네, 아르바이트인데 대단한 것 같아요.

❹ 彼女(かのじょ)が司会(しかい)をやるとは思(おも)いませんでした。
걔가 사회를 볼 줄 몰랐어요.

❺ 緊張(きんちょう)もしていないですね。
긴장도 안 하네요.

❻ さすが、ピンクちゃん！
역시 핑크야!

Tip!

- 「-たい」는 '-고 싶다'라는 뜻인데, 「思(おも)う」를 붙여서 '-하겠다'라는 뜻으로도 써여요.
  예 これから結果(けっか)を発表(はっぴょう)したいと思(おも)います。
  (지금부터 결과를 발표하겠습니다.)
- 「-たいです」를 좀 더 완곡하게 표현할 때도 「-たいと思(おも)います」를 써요.
  예 将来(しょうらい)、医者(いしゃ)になりたいと思(おも)います。
  (장래에 의사가 되고 싶습니다.)

084 軍隊(ぐんたい)に行(い)くかもしれないです

군대에 갈지도 몰라요

핑크의 아이돌

K-POP아이돌 스타를 좋아하는 **핑크**는 자기가 좋아하는 그룹의 멤버가 군대에 간다는 소리를 듣고 슬퍼하고 있어요.

084

1
ピンクさん、どうしたんですか。元気がない。

2
ピンクの好きなK-POPアイドルが軍隊に行くかもしれないんです。

3
そうなんですよ。2年以上待たなければならないかも。

4
彼も軍隊に行ったら、わたし泣くかもしれません。

5
そうですか。ピンクさん、さびしくなるでしょうね。

6
ぼくとクロさんがいるから、元気出してください！

-할지도 몰라 ~かもしれない

行(い)く		
待(ま)たなければならない	＋	かもしれない
泣(な)く		

❶ ピンクさん、どうしたんですか。元気(げんき)がない。 — 핑크 씨 왜 그래요? 힘이 없네요.

❷ ピンクの好(す)きなK-POPアイドルが軍隊(ぐんたい)に行(い)くかもしれないんです。 — 핑크가 좋아하는 케이팝 아이돌이 군대에 갈지도 몰라요.

❸ そうなんですよ。2年以上(にねんいじょう)待(ま)たなければならないかも。 — 네, 맞아요. 2년 이상 기다려야 할지도….

❹ 彼(かれ)が軍隊(ぐんたい)に行(い)ったら、私(わたし)泣(な)くかもしれません。 — 그 사람이 군대에 가면 저는 울어 버릴지도 몰라요.

❺ そうですか。ピンクさん、さびしくなるでしょうね。 — 그래요? 핑크 씨 외로워지겠네요.

❻ 僕(ぼく)とクロさんがいるから、元気出(げんきだ)してください! — 저랑 쿠로 씨가 있으니까, 힘내세요!

Tip!

- 「명사+かもしれない」는 '-일지도 모른다'는 뜻이 돼요.
  예 彼(かれ)はお医者(いしゃ)さんかもしれません。(그 사람은 의사일지도 몰라요.)
- 「~が ~が」로 주격조사 「が」가 겹칠 때는 앞 쪽을 「の」로 써 줘요.
  예 私(わたし)の大好(だいす)きな人(ひと)が来(き)ました。(제가 너무 좋아하는 사람이 왔어요.)
- 「待(ま)たなければならないかも」처럼 문장의 끝에서 「しれない」를 생략해도 돼요.
- K-POP 은 일본어 발음으로는 [ケイ・ポップ]라고 해요.

085 趣味(しゅみ)はいろいろ作(つく)ることです

취미는 이것저것 만드는 거예요

취미

쿠로의 취미는 뜨개질이에요. **시로**는 **쿠로**가 직접 뜬 모자와 장갑을 보고 감탄하고 있어요.

085

1
クロさん、その
手袋と帽子、本当に
かわいいですね。

2
わたしが
編んだんです。

3
わあ～
編み物もするんですね。
すごい!

4
手芸が趣味で
いろいろ作ることが
好きなんです。

5
シロさんの
趣味は?

6
食べることと
寝ることと…。

-하는 거 ～こと

作(つく)る 食(た)べる 寝(ね)る	＋	こと

❶ クロさん、その手袋(てぶくろ)と帽子(ぼうし)、本当(ほんとう)にかわいいですね。
쿠로 씨 그 장갑하고 모자 정말 예쁘네요.

❷ 私(わたし)が編(あ)んだんです。
제가 떴어요.

❸ わあ～編(あ)み物(もの)もするんですね。すごい！
와~! 뜨개질도 해요? 대단하다!

❹ 手芸(しゅげい)が趣味(しゅみ)で、いろいろ作(つく)ることが好(す)きなんです。
수예가 취미라서 여러 가지 만드는 걸 좋아해요.

❺ シロさんの趣味(しゅみ)は？
시로 씨 취미는요?

❻ 食(た)べることと寝(ね)ることと…。
먹는 거랑 자는 거랑….

Tip!

- '취미는 ~는 거예요'는 「趣味(しゅみ)は 동사기본형＋ことです」라고 표현해요.
  - 예 趣味(しゅみ)は 本(ほん)を読(よ)むことです。(취미는 책을 읽는 거예요.)
  - 音楽(おんがく)を聴(き)くことです。(음악을 듣는 거예요.)
  - 映画(えいが)を見(み)ることです。(영화를 보는 거예요.)
- 「編み物」는 「編(あ)む(엮다, 뜨다)」의 ます형에 物(もの)가 결합된 표현이에요. 이처럼 「동사ます형＋物」로 명사화되는 것들이 있어요.
  - 예 飲(の)み物: 음료수　乗(の)り物: 탈 것　読(よ)み物: 읽을 거리

086 手伝う(てつだう)ことができます

도울 수 있어요

동네 축제 준비

시로, 쿠로, 핑크가 길을 가다가 동네 축제에서 봉사할 사람을 찾는 포스터를 보고 얘기를 나누고 있어요.

086

1
あ、お祭りの
ボランティアを
募集中ですって。

2
そうですか。
何ができるかなあ。

3
わたし、片づけなら
手伝うことが
できると思う。

4
焼きそばは
作ることができるけど、
応募してみようかなあ。

5
ぼんおどりを踊る
ことができる
人も要るよね。
祭り

6
え? シロさん、
ぼんおどりできるの?
知らなかった。

-할 수 있다 ~ことができる

手伝う
作る
踊る
＋ ことができる

❶ あ、お祭りのボランティアを募集中ですって。 어? 축제에서 봉사할 사람을 모집 중이래요.

❷ そうですか、何ができるかなあ。 그래요? 뭘 할 수 있을까?

❸ 私、片づけなら手伝うことができると思う。 난 뒷정리 돕는 거라면 할 수 있을 거야.

❹ 焼きそばは作ることができるけど、応募してみようかなあ。 야키소바는 만들 수 있는데, 응모해 볼까?

❺ ぼんおどりを踊ることができる人も要るよね。 봉오도리를 출 수 있는 사람도 필요하겠네.

❻ え？シロさん、ぼんおどりできるの？知らなかった。 어? 시로 씨 봉오도리 출 줄 알아? 몰랐네.

Tip!

- 「ボランティア」는 '봉사하는 사람', 「ボランティア活動(かつどう)」는 '봉사활동'이에요.
- 「~ことができる」는 '능력' 외에도 '가능'의 뜻도 있어요. 또한 「~することができる」는 「~ができる」로 간단하게 쓸 수 있어요.
  예 予約(よやく)することができます = 予約ができます (예약할 수 있어요/가능해요)
- 부정형은 「~ことができない」(-할 수 없다)예요.
- 「ぼんおどり(盆踊り)」는 원래 음력 7월 15일 밤에 남녀가 모여 정령(精靈)을 위로하는 뜻으로 췄던 춤으로, 축제(お祭(まつ)り) 등에서 많이 추는 전통 윤무(輪舞)이고, 「ダンス(dance)」는 서양식 춤을 말해요.

087 ジムに行(い)くようになりました

(예전에는 안 다녔는데 지금은) 스포츠센터에 다녀요

건강한 생활을 위하여

쿠로는 요즘 건강을 생각해서 물도 많이 마시고
여러 가지 하는 것 같네요. 뭘 하게 되었을까요?

087

1

え、クロさん、
そんなにお水飲むんですか。

2

最近、毎日お水を
2リットル飲むように
なりました。
2L
水

3

お水をたくさん
飲むのが健康に
いいと聞いたので。

4

クロさん、
健康オタクですね。

5

最近、ジムにも
行くように
なりました。

6

たくさん歩くようにも
なりました。

전에는 안 그랬는데 (지금은) -해요 ~ようになる

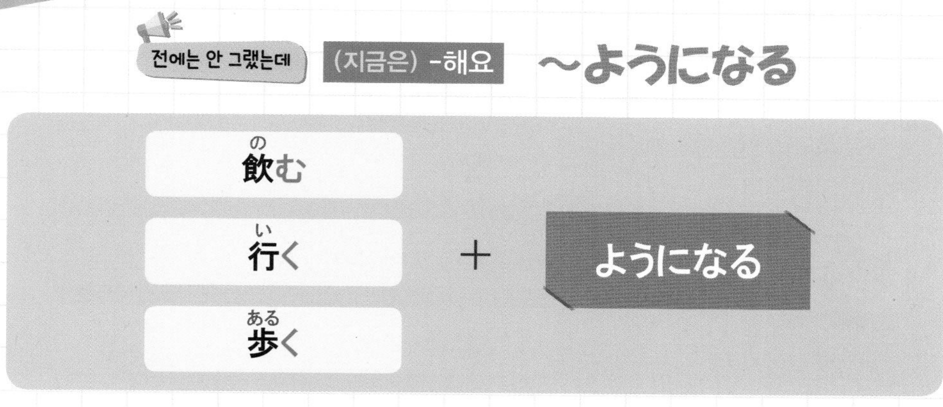
飲(の)む
行(い)く
歩(ある)く
+
ようになる

❶ え、クロさん、そんなにお水(みず)飲(の)むんですか。
어? 쿠로 씨, 그렇게 물을 (많이) 마셔요?

❷ 最近(さいきん)、毎日(まいにち)お水(みず)を2リットル(に)飲(の)むようになりました。
네, (예전에는 안 마셨는데) 요즘 매일 물을 2리터 마셔요.

❸ お水(みず)をたくさん飲(の)むのが健康(けんこう)にいいと聞(き)いたので。
물을 매일 마시면 건강에 좋다고 들어서.

❹ クロさん、健康(けんこう)オタクですね。
쿠로 씨, 건강에 관심이 많네요.

❺ 最近(さいきん)、ジムにも行(い)くようになりました。
(예전에는 안 다녔는데) 요즘은 스포츠센터에도 다녀요.

❻ たくさん歩(ある)くようにもなりました。
그리고 (예전에는 별로 안 걸었는데) 요즘은 많이 걸어요.

Tip!

- '(전에는 안 그랬는데 지금은) -게 되다/-하다'는 일본어로 「동사 기본형+ようになる」라고 표현해요.
  - ⓔ 日本(にほん)に来(き)てから煙草(たばこ)を吸(す)うようになりました。
    (일본에 와서부터 담배를 피우게 됐어요.)
- 「ジム」는 「ジムナジウム(gymnasium)」의 준말로 '헬스클럽'이나 '스포츠센터' 등을 말합니다.
- 「健康(けんこう)オタク」는 식습관이나 미용 등 여러 방면으로 건강에 신경을 쓰는 사람을 말해요.

088 日本で働くことになりました

にほん　はたら

일본에서 일하게 됐어요

시로의 친구 방문

시로의 친구가 도쿄에서 일하게 됐어요.
그래서 한 달간은 **시로**랑 같이 살게 되었나 봐요.

088

1
最近、
忙しそうですね。
何かありますか。

2
部屋の整理で
忙しいんです。

3
実は、
友だちが日本で
働くことになって。

4
来週東京に来るんです。
しばらくはいっしょに
過ごすことになります。

5
そうですか。
部屋も狭いのに、
大変ですね。

6
一カ月後には
会社の寮に入ることに
なっています。

-하게 되다 ~ことになる

働く
過ごす
入る
+
ことになる

❶ 最近、忙しそうですね。何かありますか。 — 요즘 바빠 보여요. 무슨 일 있어요?

❷ 部屋の整理で忙しいんです。 — 방 정리하느라 바빠요.

❸ 実は、友だちが日本で働くことになって。 — 실은 친구가 일본에서 일하게 돼서.

❹ 来週東京に来るんです。しばらくはいっしょに過ごすことになります。 — 다음 주에 도쿄에 오는데, 한동안은 같이 지내게 될 거예요.

❺ そうですか。部屋も狭いのに、大変ですね。 — 그래요? 방도 좁은데, 힘들겠네요.

❻ 一カ月後には会社の寮に入ることになっています。 — 한 달 후에는 회사 기숙사에 들어가기로 돼 있어요.

Tip!

- 보통, 「~ことになる」는 '상황 등의 변화로 그렇게 하게 되었다'는 뜻이고, 「~ようになる(-하게 되다)」는 '습관적으로 그렇게 하게 되었다'는 뜻을 나타내요.
  예 来月(らいげつ)、結婚(けっこん)することになりました。(다음 달에 결혼하게 됐어요.)
  今年(ことし)になってからジムに通(かよ)うようになりました。(올해 들어 헬스클럽에 다니게 됐어요.)
- 「~ことになる(-게 되다)」는 외적 요인에 의한 결정을 나타낼 때 쓰는 표현입니다. 자신이 주체적으로 결정한 일이라도 「~ことになる」를 사용하면 완곡한 표현이 됩니다. 한편, 자신이 주체적으로 결정한 일이라는 것을 강조할 때는 「~ことにする(-기로 하다)」를 씁니다.
  예 引(ひ)っこすことになりました。(이사하게 됐어요.)
  引っこすことにしました。(이사하기로 했어요.)

089 映画(えいが)を見(み)るつもりです

영화를 볼 거예요

공휴일 계획

내일이 공휴일이라서 **시로**는 하라주쿠에 코스프레 퍼레이드를 보러 갈 거예요. 근데 **쿠로**는 피곤한지 집에서 영화를 보겠대요.

089

1
あした祝日ですね。クロさん、何するつもりですか。

2
家でピンクちゃんといっしょに映画を見るつもりです。

3
ぼくは原宿のコスプレパレードに行くつもりです。

4
コスプレパレード? 面白そうですね。

5
いっしょに行きますか。

6
行ったら疲れるし、やっぱりわたしは家にいます。

-할 거예요 ～つもりです

する	+	つもりです
見(み)る		
行(い)く		

❶ あした祝日(しゅくじつ)ですね。クロさん、何(なに)するつもりですか。
내일 공휴일이네요. 쿠로 씨 뭐 할 거예요?

❷ 家(うち)でピンクちゃんといっしょに映画(えいが)を見(み)るつもりです。
집에서 핑크하고 같이 영화를 볼 생각이에요.

❸ 僕(ぼく)は原宿(はらじゅく)のコスプレパレードに行(い)くつもりです。
저는 하라주쿠에서 하는 코스프레 퍼레이드에 갈 거예요.

❹ コスプレパレード？面白(おもしろ)そうですね。
코스프레 퍼레이드? 재밌겠네요.

❺ いっしょに行(い)きますか。
같이 갈래요?

❻ 行(い)ったら疲(つか)れるし、やっぱり私(わたし)は家(いえ)にいます。
가면 힘들고 하니까, 역시 저는 집에 있을래요.

Tip!

- 「~つもりはない(-할 생각은 없다)」라는 표현도 있어요.
  예 留学(りゅうがく)するつもりはないよ。(유학할 생각은 없어.)
- 「コスプレパレード(가장행렬 퍼레이드)」는 「オタク文化(덕후 문화)」의 하나로, 인기 애니메이션의 캐릭터로 변장하거나 여러 가지 다양한 의상 등으로 변신한 덕후들이 가장행렬을 하는 행사예요. 하라주쿠에 가면 코스프레 의상이나 가발 등을 파는 숍도 있어요.
- 「家(いえ)」와 「家(うち)」: 「いえ」는 물리적인 느낌의 집, 「うち」는 심리적인 느낌의 집으로 주로 사용합니다. 그래서 건물 자체를 가리킬 때는 「いえ」를 씁니다.

090 ご飯(はん)を食(た)べる前(まえ)に

밥을 먹기 전에

목욕 문화

한국과 일본의 목욕 문화에 대해서 **시로**와 **쿠로**가 이야기하고 있습니다.

090

1
日本人は
毎日おふろに
入りますか。

2
人によって違いますよ。
わたしは夕ご飯を
食べる前におふろに
入りますよ。シロさんは?

3
ぼくは、
ふだん寝る前に
シャワーだけ
浴びますけど。

4
そうですか。
おふろに入ると
疲れが取れますよ。

5
そんなにいいですか。
きょう休む前に
おふろに入ってみよう。

6
たぶん、毎日
入りたくなると
思いますよ。

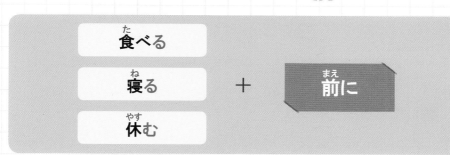

-하기 전에 동사 기본형 + 前(まえ)に

食(た)べる		
寝(ね)る	+	前(まえ)に
休(やす)む		

1. 日本人(にほんじん)は毎日(まいにち)おふろに入(はい)りますか。 — 일본 사람은 매일 목욕해요?
2. 人(ひと)によって違(ちが)いますよ。私(わたし)は夕(ゆう)ご飯(はん)を食(た)べる前(まえ)におふろに入(はい)ります。シロさんは? — 사람에 따라 달라요. 저는 저녁 먹기 전에 목욕해요. 시로 씨는요?
3. 僕(ぼく)は、ふだん寝(ね)る前(まえ)にシャワーだけ浴(あ)びますけど。 — 저는 보통 자기 전에 샤워만 하는데요.
4. そうですか。おふろに入ると疲(つか)れが取(と)れますよ。 — 그래요? 목욕하면 피곤이 풀려요.
5. そんなにいいですか。きょう休(やす)む前(まえ)におふろに入(はい)ってみよう。 — 그렇게 좋아요? 오늘 자기 전에 목욕해 볼까?
6. たぶん、毎日入(まいにちはい)りたくなると思(おも)いますよ。 — 아마 매일 하고 싶어질 거예요.

Tip!

- 「おふろに入(はい)ると(목욕하면)」와 같이 「기본형+と」는 '-하면'이란 뜻이에요.
- 일본 가정집에서는 목욕할 때 욕조에 받은 물을 온 가족이 함께 써요. 손님이 왔을 때는 손님이 먼저 사용한 후에 가족들이 사용하므로 욕조 밖에서 몸을 깨끗이 씻고 욕조에 들어가는 것이 에티켓이에요.
- 「お風呂(ふろ)に入(はい)る(목욕하다)」, 「シャワーを浴(あ)びる(샤워하다)」는 '하다'에 해당하는 일본어 표현에 주의하세요.
- 「休(やす)む」는 '쉬다' 이외에도 '자다', '결석하다'의 의미가 있어요.

091 日本(にほん)に来(く)るために

일본에 오려고

일본에 온 목적

쿠로는 한국에서 일본으로 온 **시로 아버지**에 대하여 물어 보고 있습니다.

091

1

シロさんのお父さんは、
何で日本に
来たんですか。

2

働くために
来ました。

3

日本に来るために、
毎日日本語の勉強を
していました。

4

だからお父さん、
日本語が
お上手ですね。

5

クロさん、
来年韓国に
行くんでしょう?

6

韓国に
行くために少し
勉強しなくちゃ。
안녕하세요

목적

-하려고 동사 기본형 + ために

働(はたら)く
来(く)る
行(い)く
+
ために

❶ シロさんのお父(とう)さんは、何(なん)で日本(にほん)に来(き)たんですか。 — 시로 씨 아버지는 왜 일본에 왔어요?

❷ 働(はたら)くために来(き)ました。 — 일하기 위해서 왔어요.

❸ 日本(にほん)に来(く)るために、毎日(まいにち)日本語(にほんご)の勉強(べんきょう)をしていました。 — 일본에 오려고 매일 일본어 공부를 했어요.

❹ だからお父(とう)さん、日本語(にほんご)がお上手(じょうず)ですね。 — 그래서 아버지가 일본어를 잘하시는군요.

❺ クロさん、来年(らいねん)韓国(かんこく)に行(い)くんでしょう? — 쿠로 씨 내년에 한국에 가죠?

❻ 韓国(かんこく)に行(い)くために少(すこ)し勉強(べんきょう)しなくちゃ。 — 한국에 가려면 공부 좀 해야겠다.

Tip!

- 「동사 기본형+ために」는 '-하려고' 뿐만 아니라 '-기 위해서'라는 뜻으로도 쓰여요.
  - 예 大学(だいがく)に合格(ごうかく)するためにはどうすればいいですか。
    (대학에 합격하기 위해서는 어떻게 하면 되나요?)
- 「명사+ために」는 '-을/를 위해서'라는 뜻이에요.
  - 예 母(はは)のためにお花(はな)を買(か)いました。(어머니를 위해서 꽃을 샀어요.)

092 値段(ねだん)も安(やす)いし、品(しな)ぞろえもいいから

가격도 싸고, 물건 종류도 많아서

약국

한국 친구들에게 무슨 선물을 사 갈지 고민하고 있는 **시로**에게 **쿠로**가 약국에서 선물을 사는게 어떠냐고 하네요.

092

1

ぼく、来週韓国に帰りますけど、お土産は何がいいと思いますか。

2

薬
ニャツモトキヨシ
「ニャツモトキヨシ」にお手ごろなものがたくさんありますよ。

3

あ、ドラッグストアですね。

4

値段も安いし、品ぞろえもいいので、よく利用しています。

5

韓国にないものもたくさんあるし、いいですね。

6

めずらしいもののほうが友だちも喜ぶし、いいと思います。

-하고 동사 기본형 + し

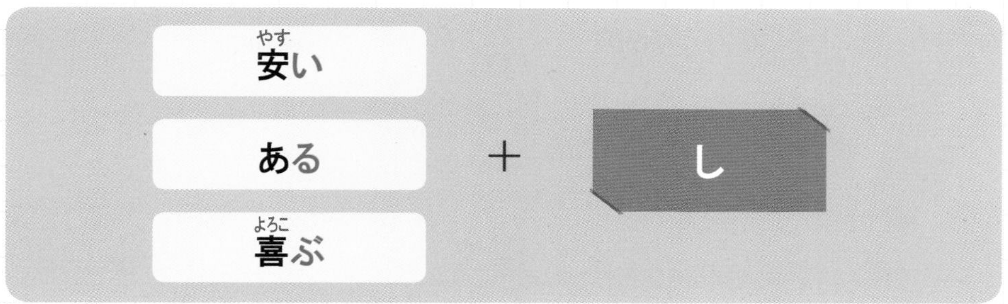

やす
安い
ある
よろこ
喜ぶ
+
し

❶ 僕、来週韓国に帰りますけど、お土産は何がいいと思いますか。
저 다음 주에 한국에 가는데 선물은 뭐가 좋을까요?

❷ 「ニャツモトキヨシ」にお手ごろなものがたくさんありますよ。
냐쓰모토 키요시에 싸고 괜찮은 물건이 많아요.

❸ あ、ドラッグストアですね。
아, 약국이요?

❹ 値段も安いし、品ぞろえもいいので、よく利用しています。
가격도 싸고, 물건 종류도 많아서 자주 이용해요.

❺ 韓国にないものもたくさんあるし、いいですね。
한국에 없는 물건도 많이 있고, 좋네요.

❻ めずらしいもののほうが友だちも喜ぶし、いいと思います。
흔하지 않은 게 친구들도 더 좋아할 테고, 괜찮을 것 같아요.

Tip!

- 일본의 약국(ドラッグストア)은 약뿐만 아니라 화장품이나 생활필수품을 같이 파는 곳이 많아요. 한국에는 없는 약이나 목욕용품, 눈이나 발의 피로를 풀어주는 아이템들도 많이 있어서 쇼핑하기 좋아요.
- 「お手(て)ごろな」는 '가격이 싸고 적당한' 이란 뜻으로 써요.
- 일본의 '선물': 여행지에서 사 오는 기념품이나 특산물은 「プレゼント」가 아니라 「おみやげ」라고 합니다.

093 もう走る(はし)しかないですね
이제 달릴 수밖에 없겠네요

스타일이 중요해

시로가 핑크의 새 런닝 슈즈와 런닝복을 보고 칭찬하고 있습니다.

093

1

ピンクさん、
かわいいランニング・シューズですね。
買ったんですか。

2

はい。ダイエットは
無理だから、運動する
しかないと思って。

3

ランニング・ウェアも
高そうですね。

4

ええ。わたし、
形から入る
タイプなので。

5

もう走るしか
ないですね。

6

はい、
頑張るしか
ないです。

-할 수 밖에 없어요 ~しかないです

運動(うんどう)する
走(はし)る
頑張(がんば)る
＋ しかないです

❶ ピンクさん、かわいいランニング・シューズですね。買(か)ったんですか。 — 핑크 씨, 런닝 슈즈 예쁘네요. 샀어요?

❷ はい。ダイエットは無理(むり)だから、運動(うんどう)するしかないと思(おも)って。 — 네. 다이어트는 무리니까 운동할 수밖에 없을 것 같아서.

❸ ランニング・ウェアも高(たか)そうですね。 — 런닝복도 비쌀 것 같아요.

❹ ええ。私(わたし)、形(かたち)から入(はい)るタイプなので。 — 네. 제가 스타일을 중시하는 타입이라서.

❺ もう走(はし)るしかないですね。 — 이제 달릴 수밖에 없겠네요.

❻ はい、頑張(がんば)るしかないです。 — 네. 열심히 할 수밖에 없어요.

Tip!

- 「形(かたち)から入(はい)るタイプ」란, 내용보다는 형식이나 폼을 중시하는 타입을 말해요. 예를 들면, 등산도 가기 전부터 등산 용품을 다 갖추거나 운동도 하기 전에 풀세트를 다 구입하는 스타일입니다.

094 たまにはサボってもいいじゃん

가끔은 땡땡이쳐도 되잖아

미팅

핑크에게 미팅을 하자고 하는데 공교롭게도 그 날은 수업이 있는 모양이에요.

094

1
ね、ピンクちゃん。
あさって合コンしない?

2
いいけど、
あさっては授業
あるじゃん。

3
たまにはサボっても
いいじゃん。

4
ところで、だれと
合コンするの?

5
シロさんの知り合い。
あ、写真あるよ。

6
マジで?
おーヤバイ!
超イケメンじゃん。

-잖아 동사 기본형 + じゃん

ある		
いい	+	じゃん
イケメン		

❶ ね、ピンクちゃん。あさって合(ごう)コンしない？ 있잖아…. 핑크야. 모레 미팅 안 할래?

❷ いいけど、あさっては授業(じゅぎょう)あるじゃん。 좋은데 모레는 수업이 있잖아.

❸ たまにはサボってもいいじゃん。 가끔은 땡땡이쳐도 되잖아.

❹ ところで、だれと合(ごう)コンするの？ 근데, 누구하고 미팅하는데?

❺ シロさんの知(し)り合(あ)い。あ、写真(しゃしん)あるよ。 시로 씨 아는 사람들. 아 참! 사진 있어.

❻ マジで？おーヤバイ！超(ちょう)イケメンじゃん。 진짜? 오~ 대박! 완전 훈남이잖아.

Tip!

- 「イケメンじゃん」처럼 「~じゃん」은 동사/형용사 기본형뿐만 아니라 명사에도 붙을 수 있어요.
- 일본에도 한국처럼 젊은 사람들이 쓰는 말(若者(わかもの)ことば)이 있어요. 「本当(ほんとう)に？(정말?)」와 비슷한 표현인 「マジで?(진짜야?)」, 원래는 위험하거나 큰일 났을 때 쓰였던 부정적인 의미인 「ヤバイ」가 긍정적인 의미인 「すごい(대단하다)」와 비슷한 의미로도 쓰입니다. 그 밖에도 「とても(매우)」와 비슷한 뜻인 「超(ちょう)(초; 완전)」, 「めっちゃ(진짜)」도 젊은 사람들 사이에서 많이 쓰여요.

095 シロさんが行くなら、ついて行きます

시로 씨가 간다면 따라갈게요

메이드 카페

시로가 **쿠로**에게 아키하바라에 있는 전자상가에 가자고 하는데, 목적은 가전제품이 아니라 다른데 있는 거 같네요.

095

1

JR 秋葉原駅
Akihabara Station
日曜日、秋葉原に行きませんか。

2

何か買うんですか。
家電買うなら、やっぱり
秋葉原ですよね。

3

電気街も行きたいけど、
実はメイドカフェに
行ってみたいんです。

4

メイドカフェですか?!
シロさんが行くなら、
ついて行きます。

5

やった!
クロさんがいっしょに
行ってくれるなら
心強いです。

6

いらっしゃいませ、
ご主人様。

-다면/-라면 ～なら

買(か)う
行(い)く
行(い)ってくれる
＋ なら

1. 日曜日(にちようび)、秋葉原(あきはばら)に行(い)きませんか。
   일요일에 아키하바라에 안 갈래요?
2. 何(なに)か買(か)うんですか。家電(かでん)買(か)うなら、やっぱり秋葉原(あきはばら)ですよね。
   뭐 사려고요? 가전제품 살 거라면 역시 아키하바라죠.
3. 電気街(でんきがい)も行(い)きたいけど、実(じつ)はメイドカフェに行(い)ってみたいんです。
   전자상가에도 가고 싶지만 실은 메이드 카페에 가보고 싶어요.
4. メイドカフェですか？！シロさんが行(い)くなら、ついて行(い)きます。
   메이드 카페요? 시로 씨가 간다면 따라갈게요.
5. やった！クロさんがいっしょに行(い)ってくれるなら心強(こころづよ)いです。
   앗싸! 쿠로 씨가 같이 가 준다면 든든할 것 같아요.
6. (メイドカフェで) いらっしゃいませ、ご主人様(しゅじんさま)。
   (메이드 카페에서) 어서 오세요, 주인님!

Tip!

- 아키하바라(秋葉原)는 전자 상가가 밀집된 지역으로 유명하지만 게임이나 만화, 애니메이션 관련 상가나 메이드 카페(메이드 복장을 한 종업원이 서빙을 해주는 카페)가 있어서 오타쿠들의 성지로도 유명합니다. 운이 좋으면 신인 아이돌의 공연도 볼 수 있어요.
- '오타쿠(オタク)'는 '한 가지에 아주 집중하는 마니아'란 뜻인데, 한국에서는 '오덕후' 또는 '덕후'라고도 쓰여요.

096 アルバイトするそうです

아르바이트한대요

핑크의 새 아르바이트

핑크가 다음 주부터 새 아르바이트를 하기로 했다는 소식을 **쿠로**가 **시로**에게 말해 주고 있습니다.

096

1

ピンクちゃんが来週から新しいアルバイトをするそうです。

2

何のバイトですか。

3

DRESSING Room
洋服屋さんで働くそうです。

4

おしゃれなピンクさんにぴったりですね。

5

洋服屋の仕事はけっこう大変だそうですよ。

6

ピンクさんはしっかりものだから、きっと大丈夫ですよ。

들은 이야기를 전달 -대요 ～そうです

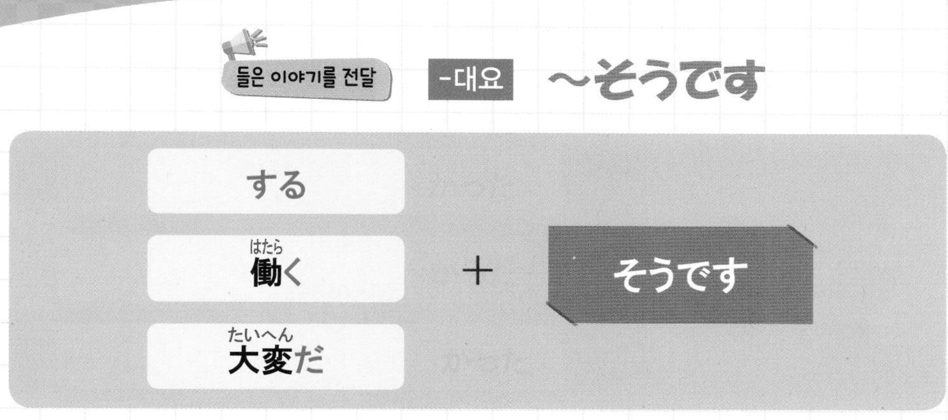
する
働く(はたら)
大変だ(たいへん)
＋
そうです

1. ピンクちゃんが来週(らいしゅう)から新(あたら)しいアルバイトをするそうです。 — 핑크가 다음 주부터 새 아르바이트를 한대요.

2. 何(なん)のバイトですか。 — 어떤 알바인데요?

3. 洋服屋(ようふくや)さんで働(はたら)くそうです。 — 옷가게에서 일한대요.

4. おしゃれなピンクさんにぴったりですね。 — 멋쟁이 핑크 씨한테 딱이네요.

5. 洋服屋(ようふくや)の仕事(しごと)はけっこう大変(たいへん)だそうですよ。 — 옷가게 일은 꽤 힘들대요.

6. ピンクさんはしっかりものだから、きっと大丈夫(だいじょうぶ)ですよ。 — 핑크 씨는 아무지니까 분명히 괜찮을 거예요.

Tip!

- 한국에서 젊은 사람들이 아르바이트를 '알바'라고 줄여 말하는 것처럼 일본에서도 「アルバイト」를 「バイト」라고 줄여 말합니다.
- 「きっと~です/~ます」는 '분명히 -할 거예요' 라는 의미예요.
  예 きっとうまくいきます。(분명히 잘 될 거예요.)

097 国(くに)によって違(ちが)うらしいですよ

나라마다 다른 모양이에요

무지개 색깔

나라마다 무지개 색깔이 다르다는 **쿠로**의 이야기를 듣고 **시로**가 깜짝 놀라고 있네요.

097

1

韓国の虹は
何色ですか。

2

もちろん
七色ですよ。

3

国によって
違うらしいですよ。
スウェーデンの虹には
ピンクがあるらしいです。

4

え? ピンク?
おもしろい！

5

アメリカは六色だし、
ロシアは
四色らしいですよ。

6

七色が当たり前だと
思っていたけど…。

외부 정보에 의한 추측 -하는 모양이에요 ~らしいです

違(ちが)う
ある
四色(よんしょく)
+
らしいです

❶ 韓国(かんこく)の虹(にじ)は何色(なんしょく)ですか。 — 한국의 무지개는 몇 가지 색깔이에요?

❷ もちろん七色(なないろ)ですよ。 — 당연히 7가지죠.

❸ 国(くに)によって**違(ちが)うらしい**ですよ。スウェーデンの虹(にじ)にはピンク色(いろ)が**あるらしい**です。 — 나라마다 다른 모양이에요. 스웨덴 무지개에는 핑크색이 있대요.

❹ え？ピンク？おもしろい！ — 어? 핑크색이요? 재미있네요!

❺ アメリカは六色(ろくしょく)だし、ロシアは**四色(よんしょく)らしい**ですよ。 — 미국은 6가지 색, 러시아는 4가지 색이래요.

❻ 七色(なないろ)が当(あ)たり前(まえ)だと思(おも)っていたけど…。 — 7가지 색이 당연한 줄 알았는데….

Tip!

- 「~らしい」는 다른 사람이나 외부에게 얻은 정보를 근거로한 추측표현이기 때문에 '-는 모양이에요/-대요/래요' 등으로 해석할 수 있어요.
- 「동사·형용사 기본형/な형용사 어간/명사 + らしい」로 접속합니다.
- 나라에 따라서 무지개 색이 다르다는 사실을 아셨나요? 미국, 영국은 6가지 색, 독일은 5가지 색, 오키나와는 2가지 색이라고 해요.
- 「七色」은 「しちしょく」 보다 주로 「なないろ」라고 읽습니다.

098 人身事故があったみたいです

인명사고가 났나 봐요

약속 장소에서

시로와 쿠로는 전철역 앞에서 핑크를 기다리고 있습니다.

098

1
ピンクさん
来ないですね。

2
人身事故
あ、電車が
止まっています。
人身事故があった
みたいですよ。

3
それで遅れている
みたいですね。

4
ピンクちゃん、
電話にも
出ないですね。

5
運転再開
お待たせいたしました。
まもなく…。

6
あ、運転再開
するみたいです。

-나 봐요 ～みたいです

ある →	あった		
	遅(おく)れている	+	みたいです
	する		

❶ ピンクさん来(こ)ないですね。 — 핑크 씨 안 오네요.

❷ あ、電車(でんしゃ)が止(と)まっています。人身事故(じんしんじこ)があったみたいですよ。 — 아 전철이 멈춰 있어요. 아까 인명사고가 났나 봐요.

❸ それで遅(おく)れているみたいですね。 — 그래서 늦어지는 것 같네요.

❹ ピンクちゃん、電話(でんわ)にも出(で)ないですね。 — 핑크, 전화해도 안 받네요.

❺ (駅(えき)のアナウンス) お待(ま)たせいたしました。まもなく…。 — (역 구내 방송) 오래 기다리셨습니다. 이제 곧….

❻ あ、運転再開(うんてんさいかい)するみたいです。 — 아, 다시 운행하나 봐요.

Tip!

- 「~みたい」는 「するみたい」, 「しないみたい」, 「したみたい」 등 여러 가지 형태와 접속할 수 있어요.
- 人身事故(じんしんじこ): 교통사고로 사람이 다치거나 사망하는 사고; 인명사고
- 일본 전철역에서 자주 들을 수 있는 역구내 방송을 알아봐요!
  ~で運転(うんてん)を見合(みあ)わせます。(-로 잠시 운행을 중단하겠습니다.)
  ~のためダイヤが乱(みだ)れています。(-로 인해 전철 운행 시간에 변동이 생겼습니다.)
  ただいま車内点検(しゃないてんけん)を行(おこな)っております。(지금 차내 안전 점검 중입니다.)

099 雨(あめ)が降(ふ)るでしょう

비가 오겠습니다

일기예보

시로네 집에서 **시로**와 **아버지**는 거실에 앉아 일기예보를 보고 있습니다.

099

1

天気予報です。
明日は雨が降るでしょう。

2

あさってには全国的に
晴れるでしょう。
気温も上がるでしょう。

3

あした、
雨なんだって。

4

えっ? 洗濯
できないじゃん。

5

あさってにしたほうが
いいんじゃない?

6

そうね。

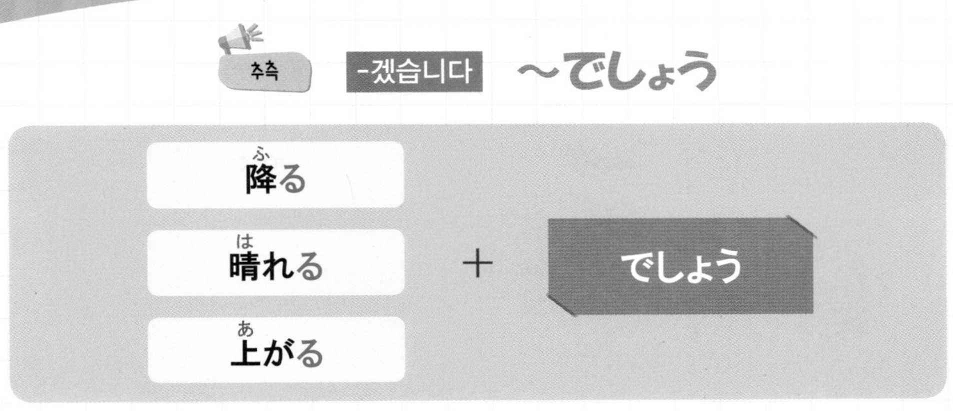
추측
-겠습니다
~でしょう
降(ふ)る
晴(は)れる
上(あ)がる
+
でしょう

① 天気予報(てんきよほう)です。明日(あす)は雨(あめ)が降(ふ)るでしょう。	일기예보입니다. 내일은 비가 오겠습니다.
② あさっては全国的(ぜんこくてき)に晴(は)れるでしょう。気温(きおん)も上(あ)がるでしょう。	모레는 전국적으로 맑겠습니다. 기온도 올라가겠습니다.
③ あした、雨(あめ)なんだって。	내일 비 온대.
④ えっ? 洗濯(せんたく)できないじゃん。	어? 빨래 못 하잖아.
⑤ あさってにしたほうがいいんじゃない?	모레 하는 게 낫지 않아?
⑥ そうね。	그러네.

Tip!

- 「기본형+~でしょう」는 일기예보에서 잘 쓰이는 표현이에요.
- 동사 뿐만이 아니라 「雨(あめ)でしょう」(비가 오겠습니다), 「風(かぜ)が強(つよ)いでしょう(바람이 강하게 불겠습니다)」처럼 명사나 형용사에도 접속할 수 있어요.
- 「明日」는 「あした」 또는 「あす」라고 읽어요.

100 会社(かいしゃ)にいるはずです

분명히 회사에 있을 거예요

잘못 봤을까?

쿠로는 공원에서 회사에 출근했다고 하는 **시로 아버지**를 봤다고 합니다. 어떻게 된 일일까요?

100

1

さっき、公園でシロさんのお父さんを見ましたよ。

2

?
まさか。この時間は会社にいるはずですよ。

3

ううん、確かにお父さんでした。

4

けさ、会社へ行くのを見たのに。公園に行くはずがないです。

5

電話して聞いてみたらどうですか。

6

ぼくがそんがことを聞いたら、きっと怒るはずです。

(분명히) ~을 거예요 ~はずです

いる
行(い)く
怒(おこ)る

\+ はずです

❶ さっき、公園(こうえん)でシロさんのお父(とう)さんを見(み)ましたよ。
아까 공원에서 시로 씨 아버지 봤어요.

❷ まさか。この時間(じかん)は会社(かいしゃ)にいるはずですよ。
설마. 이 시간에는 분명히 회사에 있을 텐데요.

❸ ううん、確(たし)かにお父(とう)さんでした。
아니에요. 분명히 아버지였어요.

❹ けさ、会社(かいしゃ)へ行(い)くのを見(み)たのに。公園(こうえん)に行(い)くはずがないです。
오늘 아침에 회사에 가는 걸 봤는데요. 공원에 갈 리가 없어요.

❺ 電話(でんわ)して聞(き)いてみたらどうですか。
전화해서 물어보면 어때요?

❻ 僕(ぼく)がそんなことを聞(き)いたら、きっと怒(おこ)るはずです。
내가 그런 걸 물으면 분명히 화낼 거예요.

Tip!

- 「~するはずです」는 말하는 사람의 어느 정도 확신에 찬 추측표현입니다.
- 부정표현 「~するはずがないです」는 '-할 리가 없어요'라는 의미예요.

가정형과
의지형으로
말할 수 있는
표현

동사/형용사
가정형(-ば형)과 의지형(-よう형) 만들기

가정형 -하면

Ⅰ그룹 동사 u→e ば 예 書(か)く → かけば

Ⅱ그룹 동사 e る→e れば 예 食(た)べる → たべれば

Ⅲ그룹 동사 来(く)る → 来(く)れば
する → すれば

い형용사 い→ければ 예 寒(さむ)い → さむければ

な형용사 だ→であれば / なら(ば) 예 好(す)きだ → すきであれば / すきなら(ば)

의지형 -해야지/-하자

Ⅰ그룹 동사 u→o う 예 書(か)く → かこう

Ⅱ그룹 동사 e る→e よう 예 食(た)べる → たべよう

Ⅲ그룹 동사 来(く)る →来(こ)よう
する → しよう

101 説明書(せつめいしょ)を読(よ)めばわかります

설명서를 보면 알 수 있어요

프린터기 사용법

쿠로가 새 프린터기로 인쇄하는 법을 몰라서 **시로**에게 묻고 있어요. **시로**는 친절하게 설명해 주고 있네요.

101

1

シロさん、
このプリンターの
使い方知ってますか。

2

このボタンを
押せばいいんです。

3

簡単ですね。

4

わからない時は、
この説明書を読めば
わかりますよ。
プリンター
取扱説明書

5

シロさん、
詳しいですね。

6

また何かあれば、
聞いてください。

-하면 ～ば

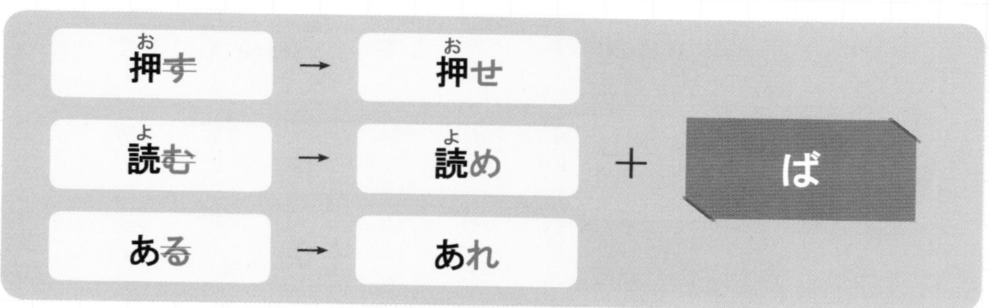
押す → 押せ
読む → 読め
ある → あれ
+ ば

1 シロさん、このプリンターはの使い方知ってますか。 — 시로 씨, 이 프린터기 사용법 알아요?

2 このボタンを押せばいいんです。 — 이 버튼을 누르면 돼요.

3 簡単ですね。 — 간단하네요.

4 わからない時は、この説明書を読めばわかりますよ。 — 모를 때는 이 설명서를 보면 알 수 있어요.

5 シロさん、詳しいですね。 — 시로 씨, 정말 잘 아네요.

6 また何かあれば、聞いてください。 — 또 뭐 있으면 물어보세요.

Tip!

- い형용사 어미는 「~ければ」, な형용사 어미는 「~であれば/なら」로 바꾸면 됩니다. 「~なければ」로 쓰면 '-지 않으면/안 -하면'의 뜻이 돼요.

  예 もし嫌(いや)じゃなければいっしょに行(い)きましょう。
  (만약 싫지 않으면 같이 갑시다.)

  台風(たいふう)が来(こ)なければ予定(よてい)通(どお)りにやります。
  (태풍이 안 오면 예정대로 진행할 겁니다.)

102 上(うえ)に(行(い)けば)行(い)くほど空気(くうき)がうすくなります

위로 (올라가면) 갈수록 공기가 희박해져요

후지산 등정

시로는 다음 달에 후지산에 가려고 하는데 **쿠로**가 여러 가지 조언을 해 주고 있어요.

102

1

来月富士山に行きます。

2

頂上まで行くなら、ちゃんと準備したほうがいいですよ。

3

上に(行けば)行くほど空気がうすくなるから気をつけてね！

4

頂上が近くなるほど、気温が低くなるので、ダウンが必要です。

5

ライトとか水筒も必要ですよ。

6

しっかり準備するほど、安心ですよね。

-하면 -할수록 ～ば ～ほど

行(い)く	→	行(い)けば		行(い)くほど
近(ちか)くなる	→	近(ちか)くなれば	＋	なるほど
準備(じゅんび)する	→	準備(じゅんび)すれば		するほど

① 来月(らいげつ)、富士山(ふじさん)に行(い)きます。 다음 달에 후지산에 갈 거예요.

② 頂上(ちょうじょう)まで行(い)くなら、ちゃんと準備(じゅんび)したほうがいいですよ。 정상까지 갈 거라면 준비를 제대로 하는 게 좋아요.

③ 上(うえ)に（行(い)けば）行(い)くほど空気(くうき)がうすくなるから気(き)をつけてね！ 위로 (올라가면) 갈수록 공기가 희박해지니까 조심하세요!

④ 頂上(ちょうじょう)が近(ちか)くなるほど、気温(きおん)が低(ひく)くなるので、ダウンが必要(ひつよう)です。 정상이 가까워질수록 기온이 낮아지니까 패딩 점퍼가 필요해요.

⑤ ライトとか水筒(すいとう)も必要(ひつよう)ですよ。 손전등이나 물통도 필요해요.

⑥ しっかり準備(じゅんび)するほど、安心(あんしん)ですよね。 제대로 준비할수록 안심이 되지요.

Tip!

- い형용사는 「-ければ-いほど」, な형용사는 「-であればあるほど」로 접속해요.
  - 예 値段(ねだん)が高(たか)ければ高いほど (가격이 비싸면 비쌀수록)
    きれいであればあるほど (예쁘면 예쁠수록)
- 「기본형＋ほど」만으로도 쓸 수 있어요. 예 見(み)るほどかわいい。(볼수록 예쁘다.)
- 후지산은 중턱까지는 버스로 가지만 정상까지 갔다 오려면 일박을 해야 하므로 전등이나 지팡이, 물통 등 준비가 많이 필요합니다.

103 早く行けばよかった…

일찍 갈 걸…

신년 럭키백

쿠로는 럭키백이 갖고 싶어서 새벽부터 백화점 앞에서 줄을 섰는데 못 산 것 같아요. **시로**가 위로해 주네요.

103

1
クロさん、
福袋買いましたか。
福袋

2
売り切れでした。
もっと早く行けば
よかった…。

3
ほかのデパートも
見ればよかったのに。

4
もっと調べて
おけばよかった…。

5
来年もあるから、
元気出して
ください。

6
すごく
ほしかったのに…。

후회 -할 걸 ～ばよかった

行(い)く	→	行(い)けば	＋	よかった
見(み)る	→	見(み)れば		
調(しら)べておく	→	調(しら)べておけば		

❶ クロさん、福袋(ふくぶくろ)買(か)いましたか。 쿠로 씨, 럭키백 샀어요?

❷ 売(う)り切(き)れでした。もっと早(はや)く行(い)けばよかった…。 다 팔렸어요. 좀 더 일찍 갈 걸….

❸ ほかのデパートも見(み)ればよかったのに。 다른 백화점도 볼 걸 그랬어요.

❹ もっと調(しら)べておけばよかった…。 좀 더 알아볼 걸….

❺ 来年(らいねん)もあるから、元気(げんき)出(だ)してください。 내년에도 있으니까 힘 내세요.

❻ すごくほしかったのに…。 엄청 갖고 싶었는데….

Tip!

- 「～ばよかった」는 주로 아쉬움이나 후회를 나타내는 표현으로, 직역하면 '-(으)면 좋았다'이지만, '-할 걸 (그랬어요)'라는 뜻으로 쓰여요.
- 「福袋(ふくぶくろ)」는 직역하면 '복주머니'인데, 신년이 되면 백화점이나 쇼핑몰 등에서 갖가지 상품을 큰 쇼핑백에 가득 담아 원래 가격보다 저렴하게 판매하는 기획 상품을 말해요.

104 軽井沢へ行こうと思います

가루이자와에 가려고 해요

연휴 계획

시로가 골든위크 때 뭘 할지 **쿠로**에게 물었어요.
쿠로는 가루이자와에 가려고 한대요.

104

今度の連休は
どこか行きますか。

はい、軽井沢へ
行こうと思いますが。

軽井沢で
何しますか。

白糸の滝を
見ようと思います。

あ、カフェの
オープンテラスで
コーヒーも飲もうと思います。
シロさんもいっしょに
行きませんか。

いいんですか。
ぜひ！

-하려고 해요 ～ようと思(おも)います

行(い)く	→	行(い)こう		
見(み)る	→	見(み)よう	＋	と思(おも)います
飲(の)む	→	飲(の)もう		

❶ 今度(こんど)の連休(れんきゅう)はどこか行(い)きますか。 — 이번 연휴에는 어딘가 가요?

❷ はい、軽井沢(かるいざわ)へ行(い)こうと思(おも)いますが。 — 네, 가루이자와에 가려고 하는데요….

❸ 軽井沢(かるいざわ)で何(なに)しますか。 — 가루이자와에서 뭐 해요?

❹ 白糸(しらいと)の滝(たき)を見(み)ようと思(おも)います。 — 시라이토 폭포를 보려고 해요.

❺ あ、カフェのオープンテラスでコーヒーも飲(の)もうと思(おも)います。シロさんもいっしょに行(い)きませんか。 — 카페 오픈테라스에서 커피도 마시려고 해요. 시로 씨도 같이 안 갈래요?

❻ いいんですか。ぜひ！ — (제가 가도) 괜찮아요? 꼭 같이 가요!

Tip!

- 「～ようと思(おも)います」는 '-하려고 해요/-하려구요'라는 뜻이에요.
- 「ゴールデンウィーク」는 「GW」라고도 하는데 4월말에서 5월 초순에 공휴일이 겹쳐서 5일 이상 연휴가 되는 기간을 말해요.
- 軽井沢(가루이자와)는 나가노 현(長野県)에 있는 대표적인 휴양지로, 스키장과 아울렛이 있고 경관이 뛰어난 명소도 많아요. 유명 인사들이 즐겨찾는 휴양지로도 유명하고, 옥외 테라스가 있는 분위기 좋은 카페도 많아요.

かに道楽 本店
道楽
Dotonbori down town is crowde
with people from domestic
and overseas in every momen
Many large sign boards decorat
Dotonbori downtown.
It looks like Theme park of Larg
sign boards.
2015年
道頓堀400周年
道頓堀店
かに道楽
かにみそ缶

가능, 수동,
사역 표현

동사
가능/수동/사역형 만들기

가능형 –할 수 있다

Ⅰ그룹 동사 u→e ます ㊕ 書(か)く → かけます

Ⅱ그룹 동사 e ~~る~~→e られます ㊕ 食(た)べる → たべられます

Ⅲ그룹 동사 来(く)る → 来(こ)られます する → できます

가능형은 「동사 기본형 + ことができます」라고도 표현해요.

㊕ **書(か)く**ことができます。(쓸 수 있어요.)

수동형 –당하다/ –게 되다

Ⅰ그룹 동사 u→a れます ㊕ 書(か)く → かかれます

Ⅱ그룹 동사 e ~~る~~→e られます ㊕ 食(た)べる → たべられます

Ⅲ그룹 동사 来(く)る → 来(こ)られます する → されます

가능형 –시키다/ –게 하다

Ⅰ그룹 동사 u→a せます ㊕ 書(か)く → かかせます

Ⅱ그룹 동사 e ~~る~~→e させます ㊕ 食(た)べる → たべさせます

Ⅲ그룹 동사 来(く)る → 来(こ)させます する → させます

105 何(なに)が作(つく)れますか

뭘 만들 수 있어요?

고야 참프르

일본 오키나와의 채소 고야를 처음 본 **시로**는 **쿠로**에게 요리 방법을 물어보고 있습니다.

105

1
これは何ですか。
野菜ですか。

2
ゴーヤという
野菜ですよ。

3
これで何が
作れますか。

4
お肉と炒めて
ゴーヤチャンプルが
作れます。ちょっと
苦いけど、
おいしいですよ。

5
ぼく、苦いのは
食べられないんです。

6
コーヒーは
飲めるのにね?

-할 수 있다 ~られる

作(つく)る	→	作(つく)れる
食(た)べる		食(た)べられる
飲(の)む		飲(の)める

1. これは何(なん)ですか。野菜(やさい)ですか。 — 이건 뭐예요? 채소예요?
2. ゴーヤという野菜(やさい)ですよ。 — '고야'라는 채소예요.
3. これで何(なに)が作(つく)れますか。 — 이걸로 뭘 만들 수 있어요?
4. お肉(にく)と炒(いた)めてゴーヤチャンプルが作(つく)れます。ちょっと苦(にが)いけど、おいしいですよ。 — 고기하고 볶아서 고야참푸르를 만들 수 있어요. 좀 쓰지만 맛있어요.
5. 僕(ぼく)、苦(にが)いのは食(た)べられないんです。 — 저는 쓴 건 못 먹어요.
6. コーヒーは飲(の)めるのにね? — 커피는 마실 수 있잖아요?

Tip!

- 「ゴーヤ(にがうり라고도 함)」는 오키나와에서 주로 먹는 약간 씁쓸한 맛의 채소인데 한국어로는 '여주'라고 해요.
- '못 -해요'는 「~られないです」라고 하면 돼요.
  예 早(はや)く起(お)きられないです。(일찍 못 일어나요.)
- 「~られる」는 「~れる」와 같이 회화체에서는 「ら」를 빼고 쓰는 경우도 있어요. 드라마 같은 데서 자주 들을 수 있어요.
  예 食(た)べられます → 食べれます　　来(こ)られます → 来れます

106 足(あし)を踏(ふ)まれました

발을 밟혔어요

조카 아이

쿠로네 집에 한 살된 조카가 놀러 왔나 봐요.
근데 **쿠로**가 아주 피곤한 얼굴을 하고 있네요. 왜일까요?

106

1

さっきの赤ちゃん、
どこの子ですか。

2

うちの甥です。
かわいいけど、
いっしょにいると
疲れます。

3

えっ?
どうして?

4

足を踏まれたり、
しっぽをひっぱられたり
するんです。

5

まだ
小さいですからね。

6

夜中に泣かれて、
寝られなかったし。
早く大きくなって
ほしいですね。

-당하다 ～れる/られる

踏(ふ)~~む~~	→	踏(ふ)まれる
ひっぱ~~る~~	→	ひっぱられる
泣(な)~~く~~	→	泣(な)かれる

❶ さっきの赤(あか)ちゃん、どこの子(こ)ですか。	아까 그 아기 어느 집 아기예요?
❷ うちの甥(おい)です。かわいいけど、いっしょにいると疲(つか)れます。	우리 조카예요. 이쁘지만 같이 있으면 힘들어요.
❸ えっ？どうして？	어, 왜요?
❹ 足(あし)を踏(ふ)まれたり、しっぽをひっぱられたりするんです。	걔가 내 발을 몇 번이나 밟고 꼬리도 잡아당기고 그랬어요.
❺ まだ小(ちい)さいですからね。	아직 어려서 그래요.
❻ 夜中(よなか)に泣(な)かれて、寝(ね)られなかったし。早(はや)く大(おお)きくなってほしいですね。	밤중에 울어대서 잠도 못 자고. 빨리 컸으면 좋겠어요.

Tip!

- 수동태는 '-을 당하다' 외에도 '-받다'나 '-되다' 등의 뜻으로도 쓰여요.
  예 盗(ぬす)まれる: 도둑맞다　愛(あい)される: 사랑받다　褒(ほ)められる: 칭찬받다
  発見(はっけん)される: 발견되다　発明(はつめい)される: 발명되다
- 「踏(ふ)まれる」는 '(내가) 밟히다'라는 뜻이지만 한국어 문장에서는 '아이'가 주어가 되기 때문에 '아이가 밟다'라고 번역합니다.

107 きょうの食事代(しょくじだい)、僕(ぼく)に払(はら)わせてください

오늘 식사비는 제가 내게 해 주세요

늦은 이유

역 앞에서 **쿠로**는 **시로**를 기다리고 있어요. 좀처럼 약속 시간에 안 늦는 **시로**가 오늘은 웬일인지 오질 않네요.

107

1
すみません。
お待たせしました。

2
どうしたんですか。
めったに遅れないのに。

3
甥にミルクを
飲ませていたので。

4
電話ぐらい
くれればいいのに。

5
ごめんなさい。
きょうの食事代、
ぼくに払わせて
ください。

6
それなら
許してあげます。

-시키다 ~せる/させる

待(ま)~~つ~~	→	待(ま)たせる
飲(の)~~む~~		飲(の)ませる
払(はら)~~う~~		払(はら)わせる

1. すみません。お待(ま)たせしました。 — 미안해요. 기다렸죠?
2. どうしたんですか。めったに遅(おく)れないのに。 — 어떻게 된 거예요? 별로 안 늦잖아요.
3. 甥(おい)にミルクを飲(の)ませていたので。 — 조카한테 우유 좀 먹이느라고요.
4. 電話(でんわ)ぐらいくれればいいのに。 — 전화라도 좀 주지.
5. ごめんなさい。きょうの食事代(しょくじだい)、僕(ぼく)に払(はら)わせてください。 — 미안해요. 오늘 식사비는 제가 내게 해 주세요.
6. それなら許(ゆる)してあげます。 — 그럼 용서해 주지요.

Tip!

- 약속 장소에 상대방이 먼저 와 있을 경우에는 '오래 기다리셨죠?'라는 표현을 「お待(ま)たせしました(기다리게 했습니다)」, 「待(ま)たせてすみません(기다리게 해서 죄송합니다)」처럼 「待(ま)つ(기다리다)」의 사역표현으로 써요.
- 「僕(ぼく)に払(はら)わせて」는 직역하면 '내게 지불시켜 줘'인데, 즉 '내가 (돈을) 내게 해 줘 → 내가 살게'라는 뜻으로 해석하면 돼요.

新世界
日本一の
串かつ
横綱
通天閣店
大相撲
通天閣場所
ちゃんこ鍋
もつ鍋
どて焼
串かつ
千客万来
通天閣店
日本一の串かつ
横綱
酒処
まんが喫茶
NET
名物てっちり
珍味てっちり
づぼらや本店

경어 표현

경어표현 만들기

Ⅰ그룹 동사 u → a れます　お + 동사ます형 + ~になります

예 書(か)く → か**かれます**, **お**かき**になります** 쓰세요

Ⅱ그룹 동사 e る → e られます　お + 동사ます형 + ~になります

예 かけ**る** → かけ**られます**, **お**かけ**になります** 앉으세요

Ⅲ그룹 동사 **来(く)る → 来(こ)られます, いらっしゃいます** 오세요

する → されます, なさいます 하세요

그 밖에 「いく(가다)·くる(오다)·いる(있다) → いらっしゃる(가시다/오시다/계시다)」와 같이 특별히 정해진 경어표현은 그대로 외워야 해요.

예 食(た)べる·飲(の)む → **めしあがる** 드시다

言(い)う → **おっしゃる** 말씀하시다

見(み)る → **ごらんになる** 보시다

死(し)ぬ → **なくなられる** 돌아가시다

108 ご住所(じゅうしょ)を書(か)いていただけますか

주소를 써 주시겠습니까?

전자상가에서

시로는 **아버지**와 함께 전자상가에 왔네요. 청소기를 구입한 **아버지**가 **점원**과 어떻게 이야기하는지 잘 보세요.

108

1
この掃除機にします。

2
はい、ありがとうございます。
4万8千円でございます。
¥48,000
¥48,000

3
カードでお願いします。

4
はい、
こちらにサインして
いただけますか。

5
すみません。
ちょっと重いので、送って
いただけますか。

6
この紙にお名前とご住所を
書いていただけますか。

-해 주시겠습니까? ～ていただけますか

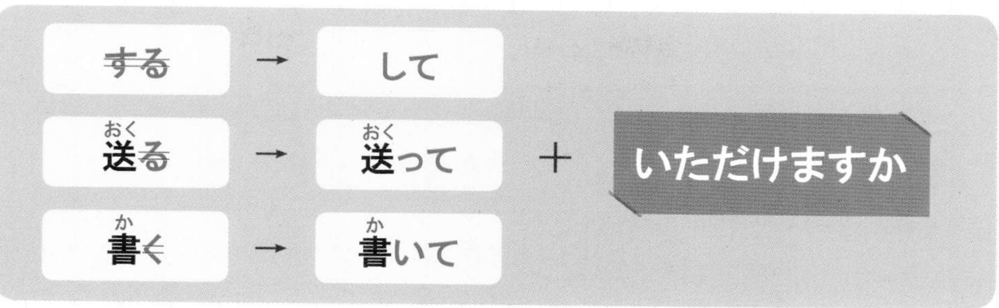

する → して
送(おく)る → 送(おく)って
書(か)く → 書(か)いて
＋
いただけますか

❶ この掃除機(そうじき)にします。 — 이 청소기로 할게요.

❷ はい、ありがとうございます。4万8千円(よんまんはっせんえん)でございます。 — 네, 감사합니다. 4만8천엔입니다

❸ カードでお願(ねが)いします。 — 카드로 계산해 주세요.

❹ はい、こちらにサインしていただけますか。 — 네, 여기에 사인해 주시겠습니까?

❺ すみません。ちょっと重(おも)いので、送(おく)っていただけますか。 — 죄송하지만, 좀 무거우니까 배송해 주실래요?

❻ この紙(かみ)にお名前(なまえ)とご住所(じゅうしょ)を書(か)いていただけますか。 — 이 종이에 성함과 주소를 써 주시겠습니까?

Tip!

- 「~ていただけますか(-해 주시겠어요?)」는 「~てもらえますか(-해 줄래요?)」보다 아주 정중한 표현입니다. 그래서 「~ていただけますか」는 보통 웃어른이나 손님, 또는 처음 만나는 사람에게 많이 써요.

109 お皿(さら)はお下(さ)げしてもよろしいですか

그릇은 치워도 괜찮으시겠습니까?

식사가 끝나갈 무렵

시로와 쿠로가 식사를 마칠 무렵 종업원이 와서 마지막 주문이 있는지 확인하고 있어요.

109

1
ラストオーダーになりますが、
ご注文はよろしいですか。

2
はい、
けっこうです。

3
お皿はお下げしても
よろしいですか。

4
はい、お願いします。
すみません、
お会計お願いします。

5
はい、
かしこまりました。
ごいっしょで
よろしいですか。

6
いいえ、別々で
お願いします。

-괜찮으시겠습니까? ~よろしいですか

~~いいですか~~ → よろしいですか

❶ ラストオーダーになりますが、ご注文(ちゅうもん)はよろしいですか。 — 주문 마감 시간인데 더 주문할 거 있으세요?

❷ はい、けっこうです。 — 네, 괜찮아요.

❸ お皿(さら)はお下(さ)げしてもよろしいですか。 — 그릇은 치워도 괜찮으시겠습니까?

❹ はい、お願(ねが)いします。すみません、お会計(かいけい)お願(ねが)いします。 — 네, 부탁합니다. 여기요, 계산해 주세요.

❺ はい、かしこまりました。ごいっしょでよろしいですか。 — 네, 알겠습니다. 같이 계산해 드릴까요?

❻ いいえ、別々(べつべつ)でお願(ねが)いします。 — 아뇨, 따로따로 해 주세요.

Tip!

- 「よろしいですか」는 문맥에 따라서 다양한 해석이 가능한데, ❶번 회화에서 「ご注文(ちゅうもん)はよろしいですか」는 '주문은 괜찮으세요? → 주문할 거 있으세요?'라고 해석하고, ❺번 회화에서 「ごいっしょでよろしいですか」는 '같이 괜찮으세요? → 같이 계산해 드릴까요?'로 해석하면 돼요.
- 일본 레스토랑이나 술집에서는 영업 시간이 끝날 때 쯤 마지막 주문(ラストオーダー)을 받는 경우가 많아요. 그리고 계산할 때도 각자 계산(わりかん)할지 같이 계산할지를 물어보는 경우도 많아요.

110 お母さん(かあ)いらっしゃる?

어머니 계셔?

엄마는 부재중

쿠로 엄마가 시로네 집 문 앞에 앉아 있는 시로한테
시로 엄마가 집에 계시는지 물어본다.

110

1

シロ君、お母さん
いらっしゃる?

2

いいえ、
おりません。

3

どこへ
いらっしゃいましたか。

4

きょうは用事があって
出かけました。

5

あ、そう?
今度、お母さんと
いっしょに家に遊びに
いらっしゃいね。

6

はい、
ありがとうございます。

계시다/가시다/오시다 いらっしゃる

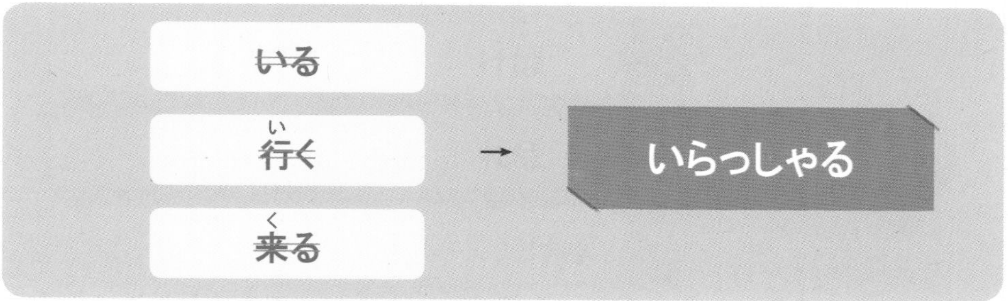
いる
行(い)く
来(く)る
→
いらっしゃる

❶ シロ君(くん)、お母(かあ)さんいらっしゃる？ 시로야, 엄마 계시니?

❷ いいえ、おりません。 아뇨, 안 계세요.

❸ どこへいらっしゃいましたか。 어디 가셨어요?

❹ きょうは用事(ようじ)があって出(で)かけました。 오늘 볼일이 있어서 외출하셨어요.

❺ あ、そう？ 今度(こんど)、お母(かあ)さんといっしょに家(うち)に遊(あそ)びにいらっしゃいね。 어 그래? 다음에 어머니하고 같이 집에 놀러 와.

❻ はい、ありがとうございます。 네, 감사합니다.

Tip!

- 「いらっしゃいます」의 기본형은 「いらっしゃる」이고, 의미는 '계시다·가시다·오시다'예요. '있다/가다/오다'의 경어로 다 쓰이므로 문맥을 보고 의미를 판단하세요.
- 일본어의 경어표현에서는 다른 사람에게 자기의 회사 상사나 가족에 대해서 얘기할 때 그들이 손윗사람이라도 높임말을 쓰지 않아요. 더 정중하게 표현할 때는 겸양어를 쓰기도 합니다.

  예 '아버지는 안 계세요'라고 남에게 얘기할 때:
  お父(とう)さんはいらっしゃいません (×) → 父(ちち)はおりません (○)

111 店内(てんない)で召(め)し上(あ)がりますか

여기서 드시겠습니까?

카페에서

시로가 카페에서 음료를 주문하고 있네요.
일본어로 어떻게 주문하는지 볼까요?

111

1

いらっしゃいませ。

2

ホットの
カフェラテください。

3

サイズは
いかがなさいますか。

4

Mサイズで
お願いします。

5

店内で
召し上がりますか。

6

持ち帰りで
お願いします。

드시겠습니까? 召(め)し上(あ)がりますか

~~飲む~~ → 召(め)し上(あ)がりますか

~~食べる~~ → 召(め)し上(あ)がります

① いらっしゃいませ。 어서 오세요.

② ホットのカフェラテください。 카페라테 뜨거운 거 주세요.

③ サイズはいかがなさいますか。 사이즈는 어떻게 하시겠어요?

④ M(エム)サイズでお願(ねが)いします。 M(미디엄) 사이즈로 부탁합니다.

⑤ 店内(てんない)で召(め)し上(あ)がりますか。 여기서 드시겠습니까?

⑥ 持(も)ち帰(かえ)りでお願(ねが)いします。 가지고 갈게요.

Tip!

- 「召(め)し上(あ)がる(드시다)」는 「食(た)べる, 飲(の)む」의 경어표현이에요.
- 飲(の)み物(もの)(음료수)
  뜨거운 커피: ホットコーヒー(hot coffee) 차가운 커피: アイスコーヒー(ice coffee)
  홍차: 紅茶(こうちゃ) 콜라: コーラ(cola)
- 사이즈를 말할 때 한국에서 '스몰, 미디엄, 라지'라고 표현하는 것을 일본에서는 「S(エス), M(エム), L(エル)」라고 해요. R(レギュラー)는 레귤러 사이즈를 말해요.
- 「持(も)ち帰(かえ)り」는 「テイクアウト(Take out)」라고도 말해요.

그림으로 외우는 **지시대명사 1**

これ 이거

このケーキ 이 케이크

それ 그거

そのケーキ 그 케이크

あれ 저거

あのケーキ 저 케이크

どれ 어느 거

どのケーキ 어느 케이크

그림으로 외우는 **지시대명사 2**

ここ 여기

こちら 이쪽

そこ 거기

そちら 그쪽

あそこ 저기

あちら 저쪽

どこ 어디

どちら 어느 쪽

그림으로 외우는 **숫자 1**

いち
일

に
이

さん
삼

し/よん
사

ご
오

ろく
육

しち/なな
칠

はち
팔

きゅう/く
구

じゅう
십

그림으로 외우는 **숫자 2**

ひとつ
하나

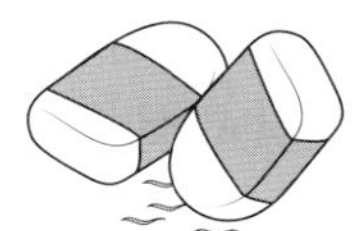

ふたつ
둘

みっつ
셋

よっつ
넷

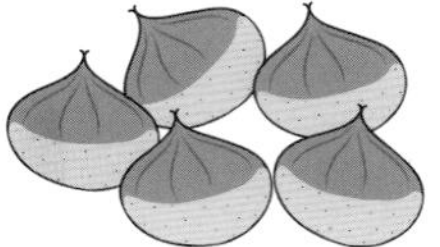

いつつ
다섯

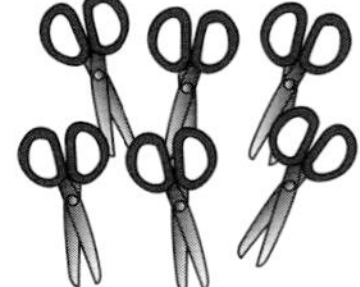

むっつ
여섯

ななつ
일곱

やっつ
여덟

ここのつ
아홉

とお
열

그림으로 외우는 **요일**

月

げつようび
月曜日
월요일

火

かようび
火曜日
화요일

水

すいようび
水曜日
수요일

木

もくようび
木曜日
목요일

金

きんようび
金曜日
금요일

土

どようび
土曜日
토요일

日

にちようび
日曜日
일요일

?
?

なんようび
何曜日
무슨 요일

동사 • 형용사 활용

그룹	기본형	ます형	ない형	て형	가정형(-ば)
Ⅰ그룹	行(い)く	いきます	いかない	いって	いけば
	待(ま)つ	まちます	またない	まって	まてば
	飲(の)む	のみます	のまない	のんで	のめば
	言(い)う	いいます	*い**わ**ない	いって	いえば
	作(つく)る	つくります	つくらない	つくって	つくれば
	話(はな)す	はなします	はなさない	はなして	はなせば
Ⅱ그룹	食(た)べる	たべます	たべない	たべて	たべれば
	見(み)る	みます	みない	みて	みれば
Ⅲ그룹	来(く)る	きます	こない	きて	くれば
	する	します	しない	して	すれば

* 「**いう**」처럼 어미가 「**う**」로 끝나는 Ⅰ그룹 동사는 「**う**」→「**わ**」+「**ない**」로 바뀌니까 주의하세요!

그룹	기본형	です	과거형	부정형	과거부정형
い형용사	寒(さむ)い	さむいです	さむかった	さむくない	さむくなかった
	いい	いいです	***よ**かった	***よ**くない	***よ**くなかった
な형용사	好(す)きだ	すきです	すきでした	すきではない	すきではなかった
	上手(じょうず)だ	じょうずです	じょうずでした	じょうずではない	じょうずではなかった

* 「**いい**」는 활용할 때 어간이 「**よ**」로 바뀌는 부분이 있으니까 주의하세요!

그룹	기본형	의지형 (-よう)	가능형 (-られる)	수동형 (-れる/られる)	사역형 (-せる/させる)
Ⅰ그룹	行(い)く	いこう	いける	いかれる	いかせる
	待(ま)つ	まとう	まてる	またれる	またせる
	飲(の)む	のもう	のめる	のまれる	のませる
	言(い)う	いおう	いえる	いわれる	いわせる
	作(つく)る	つくろう	つくれる	つくられる	つくらせる
	話(はな)す	はなそう	はなせる	はなされる	はなさせる
Ⅱ그룹	食(た)べる	たべよう	たべられる	たべられる	たべさせる
	見(み)る	みよう	みられる	みられる	みさせる
Ⅲ그룹	来(く)る	こよう	こられる	こられる	こさせる
	する	しよう	できる	される	させる

그룹	기본형	명사 수식형	て형	가정형(-ば)	-く/になる (-아/어지다)
い형용사	寒(さむ)い	さむい 명	さむくて	さむければ	さむくなる
	いい	いい 명	*よくて	*よければ	*よくなる
な형용사	好(す)きだ	すきな 명	すきで	すきであれば/ すきなら(ば)	すきになる
	上手(じょうず)だ	じょうずな 명	じょうずで	じょうずであれば/ じょうずなら(ば)	じょうずになる

いいね!
いいね!